LA SURDI-MUTITÉ

A

L'Institut départemental d'Asnières

PROCÉDÉS D'ENSEIGNEMENT

RAPPORT DE LA PSYCHOLOGIE ET DE LA PÉDAGOGIE

DU SOURD-MUET

AVEC LA PSYCHOLOGIE ET LA PÉDAGOGIE GÉNÉRALES

PAR

Le Dr Julien PIOGER

MÉDECIN EN CHEF DE L'INSTITUT DÉPARTEMENTAL DE SOURDS-MUETS D'ASNIÈRES

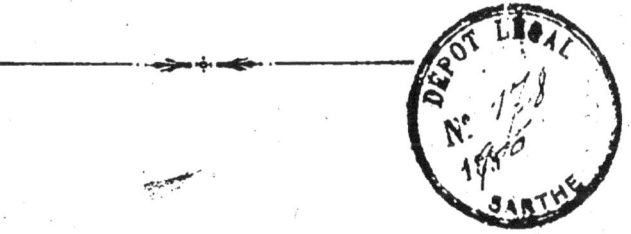

ASNIÈRES (SEINE)

INSTITUT DÉPARTEMENTAL

DE SOURDS-MUETS ET DE SOURDES-MUETTES

1900

LA SURDI - MUTITÉ

A l'Institut départemental d'Asnières

LA
SURDI-MUTITÉ

A

L'Institut départemental d'Asnières

PROCÉDÉS D'ENSEIGNEMENT

RAPPORT DE LA PSYCHOLOGIE ET DE LA PÉDAGOGIE

DU SOURD-MUET

AVEC LA PSYCHOLOGIE ET LA PÉDAGOGIE GÉNÉRALES

PAR

Le Dr Julien PIOGER

MÉDECIN EN CHEF DE L'INSTITUT DÉPARTEMENTAL DE SOURDS-MUETS D'ASNIÈRES

ASNIÈRES (SEINE)

INSTITUT DÉPARTEMENTAL

DE SOURDS-MUETS ET DE SOURDES-MUETTES

1900

OUVRAGES DU MÊME AUTEUR

Le Monde Physique, *Essai de conception expérimentale.* Alcan, Paris.

La Vie et la Pensée, *Essai de conception expérimentale.* Alcan, Paris.

La Vie sociale, la Morale et le Progrès, *Essai de conception expérimentale.* Alcan, Paris.

La question sanitaire *dans ses rapports avec les droits et les intérêts de l'individu et de la Société.* Giard et Brière, Paris.

INTRODUCTION

L'Institut reçoit les sourds-muets à partir de l'âge de six ans. Ces enfants arrivent généralement à l'état tout à fait inculte, soit par suite de la négligence des familles, soit par l'ignorance où elles sont des moyens de se faire comprendre d'eux. La surdité de naissance met l'enfant dans un état d'isolement et d'infériorité qui se comprend facilement si on réfléchit qu'il se trouve dans l'impossibilité de communiquer avec son entourage et de s'instruire spontanément, naturellement, comme le font les entendants par l'enseignement qu'ils reçoivent continuellement de ceux qui les élèvent et les entourent. De plus, en raison même de son origine la plus fréquente dans l'hérédité pathologique, alcoolisme, syphilis, tuberculose, névrose, la surdi-mutité est souvent un indice grave de dégénérescence morale non moins que physique. A part de rares et heureuses exceptions, le jeune sourd-muet ne doit pas être considéré, quand il arrive à l'école, comme un enfant *normalement* doué au point de vue intellectuel. Il est beaucoup plus juste de le classer parmi les *anormaux* et même parfois parmi les *arriérés*.

C'est du moins ce qui se constate à l'Institut. Mais l'épreuve de l'enseignement et l'influence d'un régime reconstituant amènent rapidement une sélection dans les élèves. Ils se divisent alors en deux catégories : l'une, la plus nombreuse, composée des mieux doués qui recevront un enseignement plus élevé, l'autre composée des *arriérés,* des *frustes,* qui ne peuvent guère recevoir qu'une instruction élémentaire, mais qui parviennent tous à apprendre une profession, un métier.

PREMIÈRE PARTIE

PROCÉDÉS D'INSTRUCTION

L'enseignement donné aux sourds-muets de l'Institut comporte :

1º L'enseignement de la parole qui comprend l'ensemble des procédés de *Démutisation*.

2' L'enseignement de la langue française parlée et écrite qui embrasse l'ensemble des connaissances élémentaires des programmes de l'*Enseignement primaire* et qui comprend, comme *Procédés*, les diverses *Leçons de choses*, l'enseignement par l'objet et par l'image, *qui va des objets et des faits à l'idée.*

3º L'enseignement professionnel qui associe l'apprentissage d'un métier à l'enseignement du langage technique, en procédant toujours des faits au mot et du mot à l'idée.

1º Enseignement de la Parole. — Démutisation.

Pour comprendre la possibilité de cet enseignement, il est bon de commencer par se rendre compte de ce qu'est la *Parole*.

La parole est le langage *parlé* comme l'écriture est le langage écrit : ni l'un ni l'autre ne sont innés. L'enfant *crie* mais ne parle pas avant d'avoir appris. Abandonné à l'isolement absolu dès sa naissance, il n'arriverait pas à parler tout seul. La parole est un produit de la *vie sociale,* de la vie en commun, parce qu'elle est exclusivement un moyen de communication entre les hommes.

Il en est de même pour l'écriture.

Nous pouvons même aller plus loin et dire que tout *langage*, c'est-à-dire tout emploi de *signes* quels qu'ils soient, cris, gestes, mimiques, etc., est également un *produit social*, car partout où nous retrouvons le moindre rudiment de langage par l'emploi instinctif ou habituel d'un signe quelconque dans la série animale, nous le voyons toujours résulter des conditions des besoins de la vie en commun.

La parole elle-même n'est, au fond, qu'une forme du langage par signes : elle est le langage par le signe *sonore*, qui est perçu par le sens de l'ouïe, comme l'écriture est le langage par le signe écrit qui est perçu par le sens de la vue. Mais l'étude de la parole, au point de vue de l'enseignement du sourd-muet, nous amène à reconnaître que la parole peut conserver son caractère de langage par signe, tout en perdant son caractère propre, spécial, de *signe sonore*, grâce à un autre élément, à un autre caractère qui en fait un *signe labial*, un *signe visible* au lieu d'un signe entendu.

C'est ceci qui permet au sourd d'utiliser les avantages énormes de la parole en tant que langage, c'est-à-dire en tant que moyen de communication entre deux esprits, grâce à l'emploi du sens de la vue pour percevoir le *signe parlé* aux lieu et place du sens de l'ouïe qui fait défaut, grâce à ce que le sourd-muet n'est muet que parce qu'il est sourd et à ce que, par cette substitution, il est susceptible d'apprendre à comprendre et à employer le langage du *signe labial* qui est le langage de la *parole vue* aux lieu et place de la *parole entendue*.

La parole consiste dans l'emploi de *mots* qui jouent le rôle de *signes*. Les mots parlés se composent de sons articulés comme les mots écrits se composent de *lettres*. A part quelques monosyllabes qui ne sont que des cris communs à tous les hommes et à toutes les langues, les mots sont un assemblage, une combinaison plus ou moins complexe de sons *simples fondamentaux*. Ces derniers constituent les éléments *phonétiques* qui sont à la parole ce que les lettres de l'alphabet sont à l'écriture. L'origine, le mécanisme et l'évolution des assemblages et des combinaisons des éléments phonétiques pour la parole et des lettres pour l'écriture ont exercé la sagacité et éveillé l'imagination des érudits. Ici, nous n'avons pas besoin d'une science si transcendante. L'observation judicieuse du mécanisme de la parole, la difficulté à vaincre pour faire parler un sourd-muet, l'étude attentive des conditions qui ont pu donner naissance au langage avaient amené dès 1620 un simple moine espagnol, J. P. Bonet (1), à remarquer que le mécanisme de la parole se réduit à vingt et une positions différentes de la bouche (2). Ces diverses positions sont produites par la langue, les dents et les lèvres dans l'émission du souffle sonore, et celui-ci est transformé en autant de sons différents qu'il y a de positions. Ces sons, articulés par groupes, constituent les syllabes, les mots et enfin le langage qui exprime les pensées. On prouve qu'il n'existe que vingt et un sons simples en s'appuyant sur ce fait que tout ce qui se prononce s'écrit.

« S'il y avait une autre articulation en dehors de celles dont l'existence est reconnue, comme elle n'aurait pas son caractère correspondant, on trouverait forcément une lacune dans les signes graphiques.

« Tous les signes se trouvant donc réduits au chiffre de vingt et un, on a créé un nombre égal de signes pour les représenter.

« Etant donnée, en effet, la façon dont se forme la parole articulée, il est nécessaire, pour l'exprimer par écrit, d'avoir autant

---

(1) *Réduction des lettres à leurs éléments primitifs et art d'enseigner à parler aux sourds-muets*, par J. P. Bonet, trad. par E. Bassoul et A. Boyer. — Paris, 1897.

(2) Ces observations de J.-P. Bonet s'appliquent à la langue espagnole exclusivement. Pour la langue française, par exemple, il y a en plus les sons ch, ou, an, on, in, etc.

de caractères, qu'il y a de sons émis, car, s'il y en avait plus ou moins, les mots, et par suite les sons, seraient dénaturés par celui qui lit.

« ..... Quand on inventa les lettres, ce n'étaient pas des noms pour les caractères que l'on cherchait ; ce qu'il fallait c'étaient des caractères pour représenter les différents sons du langage et ceux-ci devaient servir de noms à ceux-là... La voix étant antérieure aux lettres, comme la nature est antérieure à l'art, il était inévitable que les caractères fussent appliqués au service de la voix et non la voix au service des caractères.

« Dans ces conditions, chaque caractère ayant à figurer un son, ne pouvait logiquement que porter le nom du son qu'il représentait.

« La lettre écrite, en effet, n'a jamais d'autre prononciation que le son auquel elle sert de signe.

« Tout cela prouve donc l'inutilité de noms que nous conservons sans en retirer aucun avantage, qui ne produisent d'autre résultat que de faire trouver des difficultés là où il n'y en a pas, et de faire perdre à nos lettres ou à notre langue leur plus belle qualité.

« La preuve en est dans ce fait qu'il suffit d'analyser le son simple représenté par chaque lettre, de rechercher et d'observer le *dessin* formé par la bouche en le prononçant : 1° pour retrouver l'origine, la raison et le caractère du signe écrit, c'est-à-dire de la *lettre* qui le représente, qui l'*écrit* ; 2° pour montrer la possibilité de faire parler les muets.

« A. La raison pour laquelle cette lettre est toujours placée la première, c'est la facilité de sa prononciation ; c'est le premier son émis par l'homme en venant au monde.

« Pour prononcer cette lettre, on laisse sortir librement le souffle sonore, sans faire aucun mouvement de la langue, des lèvres ou des dents.

« La forme adoptée pour cette lettre A est la figure que représente la bouche dans son ensemble au moment où elle produit ce son. En effet, dans la prononciation de A, il faut que la bouche soit ouverte, de là cette forme de trompette ◁ ; cela représente d'abord la bouche ouverte, les deux lignes qui se joignent indiquent le point de la gorge d'où sort l'expiration sonore, et la petite ligne transversale de l'intérieur semble placée là pour empêcher l'angle de se refermer et bien indiquer que la bouche doit rester ouverte. Quant à la position de cette lettre, et de quelques autres que l'on emploie droites (A) au lieu de les employer dans la position horizontale (⊲), c'est afin de pouvoir écrire plus régulièrement.

« Pour prononcer cette lettre, le muet doit avoir la bouche ouverte et laisser sortir librement la respiration sans laisser mouvoir ni la langue ni les lèvres. Le maître prendra la main de son élève et la placera devant sa propre bouche, de façon à bien lui faire sentir le passage de l'air expiré. Cette précaution a pour but de faire remarquer à l'enfant que, pour prononcer les lettres, il ne suffit pas d'ouvrir la bouche, mais qu'il faut en même temps chasser la respiration. »

Juan-Pablo Bonet continue ainsi à analyser le mécanisme et la figuration de la prononciation de chaque lettre dans ses rapports avec le signe qui l'écrit et dans les conséquences qui en découlent pour apprendre à parler aux muets. Il nous a paru intéressant de faire ces emprunts à cet auteur (1), non seulement pour montrer que les tentatives pour faire parler les muets, ainsi que les méthodes de syllabation et de phonologie remontent bien plus loin que beaucoup ne sont portés à le croire, mais aussi et surtout parce que son analyse tout à fait remarquable du mécanisme de l'articulation nous montre, dans la figure dessinée par la bouche en parlant, une analogie frappante avec le dessin représentant la lettre de l'alphabet ou plutôt le son simple tel qu'il est parlé. Il nous semble qu'il y a là un aperçu qui mérite d'être retenu au point de vue de l'origine du langage qui a donné lieu à tant de controverses parmi les érudits, en prouvant une fois de plus que l'observation directe, que l'analyse attentive font faire de plus sûrs et de plus rapides progrès que les plus belles et les plus savantes dissertations

(1) Traduction française par E. Bassoul et A. Boyer. — Paris, 1897.

Dès 1620, la méthode de l'épellation était condamnée par J.-P. Bonet, disant si judicieusement que « la cause qui retarde tous les enfants pour apprendre à lire, c'est le nom des lettres qu'on leur enseigne, parce que, après avoir perdu beaucoup de temps à apprendre ce nom, ils sont obligés de l'oublier, ou tout au moins de ne pas s'en servir ».

Cette remarque s'applique surtout aux consonnes. C'est, en effet, sur les consonnes que porte la théorie générale de Bonet et la réduction des lettres qu'il indique.

Prenons par exemple :

B qui s'appelle et se prononce **bé**. Cette lettre représente un son différent de son nom **bé** et doit se prononcer différemment : **Be** en soufflant pour ainsi dire la lettre à laquelle on adjoint un **e** aussi muet que possible, comme dans les mots : arabe, robe, cab.

Il en est de même pour les autres lettres :

P, qu'on fait épeler **pé** et qui doit se prononcer **pe** comme dans soupe, cap.

R, **err** qui doit s'articuler **re** comme dans sourire, car, etc.

Il suffit, en effet, avec cette prononciation phonétique des consonnes, de faire unir leur articulation à l'articulation d'une voyelle pour amener de suite l'enfant à lire les syllabes correctement.

C'est ce qui est pratiqué maintenant dans les classes avec les *Nouveaux Traités de Syllabation*.

En remarquant que chaque son fondamental est produit par une position spéciale, par un mouvement associé de la langue, des dents et des lèvres, dans l'émission du souffle sonore, en montrant que chacun de ces sons fondamentaux est traduit, représenté par une *lettre*, J.-P. Bonet nous donne le fondement de l'enseignement de la parole aux sourds-muets, nous fait comprendre la possibilité de cet enseignement, en même temps qu'il nous révèle le meilleur moyen d'apprendre à lire non seulement aux sourds-muets, mais à tous les enfants, par la méthode de syllabation dont il est le véritable inventeur. Pour apprendre à parler aux sourds-muets, il suffit, en effet, de leur apprendre à articuler les sons fondamentaux ou éléments phonétiques de notre langage, puis à les leur faire combiner au fur et à mesure de leur acquisition de manière à former des mots simples d'abord, complexes et variés ensuite.

Pour leur apprendre à comprendre la parole, sans l'entendre, il suffit de les habituer à lire sur les lèvres ces sons fondamentaux d'abord, puis leur assemblage simple dans des mots faciles en allant ainsi du simple au composé, du monosyllabe à la proposition simple de deux ou trois termes, jusqu'aux phrases entières de la conversation courante.

Ainsi exposé et compris, le problème de l'enseignement de la parole n'apparaît plus aussi extraordinaire que beaucoup se l'imaginent encore.

Il devient évident, en effet, que pour faire des mouvements spéciaux, réglés, de la langue et des lèvres, il n'est pas indispensable *d'entendre*, il suffit de n'être paralysé ni de la langue, ni des lèvres, de pouvoir percevoir ces mouvements par la vue et par le toucher, et d'apprendre à les répéter. Seulement la parole ainsi apprise et pratiquée machinalement, ne peut remplir son rôle social de moyen de communication entre deux esprits et d'instrument de la pensée qu'à la condition d'être comprise par celui qui l'emploie et par celui auquel elle s'adresse. Voilà pourquoi l'enseignement de l'articulation de la parole est associé dès que possible à l'éducation intellectuelle par l'association systématique du mot à la chose.

Toutefois, à cette première phase de l'enseignement des sourds-muets, il s'agit bien plutôt d'un *dressage* que d'une *instruction* proprement dite : le maître sait et apprend par sa propre pratique qu'il ne peut arriver à son but que par la répétition incessante des mêmes exercices, c'est-à-dire par un véritable *dressage*. Le sourd-muet, en effet, doit arriver à apprendre à articuler des sons qu'il n'entend pas et qu'il ne peut percevoir que par le mouvement dessiné par les lèvres du professeur, ou par ses propres lèvres quand il répète devant une glace. Le sourd-muet n'a même pas la ressource qu'a le perroquet avec son oreille pour rectifier l'articulation des sons qu'on lui fait répéter ;

aussi y a-t-il dans la démutisation une difficulté d'un tout autre ordre que celle de l'instruction proprement dite, c'est la difficulté d'arriver, à l'aide seulement de la vue du mouvement labial et de la perception des diverses vibrations concomitantes provoquées par la phonation au niveau du larynx, du thorax ou du crâne, à faire émettre et à rectifier un son dont les qualités et les défauts ne peuvent être entendus.

Le sourd-muet apporte en naissant la même aptitude à parler que les autres enfants. Il possède l'instrument de la parole, mais il ne s'en sert pas, parce que n'entendant le son ni de sa propre voix, ni de celle de ses semblables, il n'est naturellement poussé ni à produire ni à imiter des sons. En réalité, le sourd-muet peut être considéré comme un instrument à parole qui, pour jouer, a besoin d'être mis en mouvement par un autre. La preuve en est qu'il suffit, pour lui faire rendre un son, de se placer bien en lumière devant lui en faisant d'abord de grands mouvements de respiration pour le voir en faire autant conformément à la loi de l'imitation, c'est-à-dire par l'effet bien connu des réflexes d'imitation. Si alors on ouvre largement la bouche sans remuer la langue ni les lèvres, le même mécanisme de réflexe imitatif se produit, le sourd-muet émet le son A. Si ce son ne sort pas bien, faute de souffle, il n'y a qu'à prendre la main du sourd-muet et à se la placer devant la bouche en émettant le même son pour provoquer chez le sourd-muet le même souffle et le même son. En lui faisant mettre simultanément une main sur sa poitrine et l'autre sur celle du professeur pendant l'émission du son et dans l'intervalle de repos, on l'amène à constater la différence qu'il y a entre respirer et parler.

Si, au lieu d'ouvrir la bouche, on la ferme presque en projetant et en arrondissant les lèvres, on fait émettre le son O en même temps qu'on amène le sourd-muet à voir sur les lèvres un dessin différent.

Si on répète alors les deux sons successivement et séparément, si on a soin de les écrire ou de les montrer chaque fois au tableau noir, on l'amène vite à associer le dessin du *signe labial* au dessin de la lettre ou signe *écrit*. Quand il a répété ce petit manège un grand nombre de fois, le sourd-muet a *appris :*

1° A articuler le son A et le son O ;

2° A constater la vibration thoracique propre à la parole et variable suivant les sons ;

3° A établir un rapport entre cette vibration, le signe labial et le signe écrit.

Or, ces trois choses constituent les bases sur lesquelles va s'appuyer toute son éducation, car elles constituent la clef qui va ouvrir son entendement.

En effet, 1° en ce qui concerne la démutisation proprement dite, il n'y a qu'à continuer les exercices de la même façon en allant du plus facile au plus difficile, du simple au composé, en commençant par les sons qui donnent les *dessins labiaux* les plus nets et les plus différents les uns des autres, par conséquent les plus faciles à voir et à distinguer les uns des autres (1).

---

(1) Nous ne pouvons mieux faire que de renvoyer au syllabaire rédigé spécialement pour l'Institut d'Asnières, par le Directeur, M. Baguer, qui, à ce propos, dit si justement :

« Suivant les organes qui concourent à leur production, ces voyelles et ces consonnes ont été classées en labiales, dentales, palatales, etc. Dans la plupart des traités d'articulation, les auteurs ont groupé les éléments phonétiques qui, procédant des mêmes organes vocaux, n'offrent entre eux que de faibles différences. L'ordre qu'ils suivent, logique si l'on ne considère que la formation de la voix, a le grave inconvénient de présenter en même temps à l'élève des éléments tels que p' et b', t' et d', donnant le même dessin labial et créant, dès le début, une hésitation qui exige de nombreux exercices et retarde les progrès.

« Nous nous sommes attaché à ne présenter à l'élève qu'un élément à la fois, et nous avons éloigné autant que possible l'enseignement de l'élément congénère. Par exemple, pour p' et b' nous enseignons d'abord p', puis nous passons à d'autres articulations, faciles à obtenir, mais d'aspect labial aussi dissemblable que possible t', f', s', ch', etc. Quand p' est bien fixé par un assez long usage, nous entreprenons b' et nous faisons alors, sans danger, les rapprochements nécessaires entre p' et b'.

« De même pour les voyelles, nous évitons de donner en même temps celles qui se ressemblent trop. Exemple : a, o, ou s'obtiennent par des ouvertures décroissantes de la bouche : nous donnons d'abord la voyelle a, puis la plus éloignée ou, enfin l'intermédiaire o.

Les éléments nasaux m', n', an, on, in, un, n'interviennent que

2° Pour ce qui concerne l'entendement, l'intelligence, il est clair que la répétition de semblables exercices ne peut se faire sans fixer, pour ainsi dire mécaniquement, automatiquement, une association naturelle entre le signe labial, le signe écrit et la chose signifiée. Il en résulte naturellement l'éclosion d'un germe d'idée qui tend à se préciser, à se caractériser et qui devient le point de départ, l'occasion de perceptions nouvelles par ressemblance ou par différence, par rapprochement ou par distinction, par classement ou par individualisation, c'est-à-dire la notation d'abord par leurs noms, puis la reconnaissance des objets en les distinguant les uns des autres, et enfin leur connaissance par la perception de leurs caractères ou qualités propres.

Comme le dit encore M. Baguer :

« Il ne suffit pas d'apprendre aux jeunes sourds-muets à parler et à lire sur les lèvres, il faut encore leur enseigner la signification des mots qu'ils prononcent...

« Comment le sourd-muet apprend-il la signification des mots qu'il prononce ? De la manière la plus simple et par un procédé analogue à celui qu'emploient instinctivement toutes les mères. Il suffit de placer l'enfant dans des conditions telles qu'on puisse lui montrer à la fois le *mot* et la *chose*.

« Pour les parties du corps (la tête, les cheveux, la main, etc.), pour les vêtements (paletot, gilet, etc.), le maître n'aura qu'à montrer sur lui-même ou sur un enfant ce dont il s'agit. Une foule d'objets (table, chaise, poêle, porte, fenêtre, etc.), existent dans toutes les classes. Les autres choses (voiture, roue, locomotive, etc.), ainsi que les animaux, seront représentées, soit par des objets réduits, des jouets de bazar, soit par des tableaux

beaucoup plus tard, parce qu'il est essentiel de donner au sourd-muet une voix aussi pure que possible avant d'aborder ces résonnances nasales dont le maître combattra l'usage abusif pendant toute la durée des études.

Enfin les diphtongues ia, ieu, ié, etc., et les groupes ill, gn, sont étudiés en dernier lieu parce que ces éléments complexes ne peuvent être produits d'une manière satisfaisante que par des organes depuis longtemps assouplis.

ou des images ; quelques échantillons dans de petits flacons permettront d'enseigner d'autres séries de mots : pois, café, sucre, etc. Enfin, pendant les sorties et les promenades, le professeur ne manquera pas d'enseigner la signification des mots : rue, trottoir, chaussée, pont, etc. Du reste, l'enfant a déjà vu la plupart des choses dont on lui parle, le mot seul lui manque. L'assimilation se fait très rapidement quand, en enseignant le mot, on rappelle à l'enfant par un procédé quelconque l'objet ou l'action dont on lui donne le nom.

« Pour les verbes, le maître emploiera d'abord la forme impérative, il commandera une action (marche, par exemple), et l'exécutera lui-même. Il fera répéter ensuite cette action par l'élève qui, en l'exécutant à son tour, dira ce nom d'action précédé du pronom je (je marche). La permutation de l'impératif à l'indicatif se fera ainsi par l'usage. D'autres exercices permettront d'enseigner plus tard les permutations de nombre, de personnes et de temps.

« Il est bien certain que, de cette façon, l'enfant ne pourra guère acquérir que les termes concrets. L'acquisition des idées abstraites se fera dans les années suivantes. Ne l'oublions pas, le but de cette première période d'instruction n'est pas de donner à l'enfant un vocabulaire très étendu, c'est de bien établir l'articulation, la prononciation et la lecture sur les lèvres. On ne peut songer à verser dans la mémoire de l'enfant tous les termes du dictionnaire. Nous n'avons donné un si grand nombre de mots que pour servir de base intéressante à l'enseignement de la parole et afin d'éviter, autant que possible, les syllabes sans signification dont on fatigue si souvent les élèves.

« Il serait impraticable de demander, avant de passer à la leçon suivante, la connaissance parfaite des mots enseignés. Il suffit que chacun de ces mots, après avoir été bien compris, puisse être dit, lu sur les lèvres et sur les livres.

« L'usage journalier de la parole et une répétition constante des termes les plus usuels peuvent seuls amener le sourd, comme l'entendant, à penser et à s'exprimer spontanément en langage parlé. Aussi, le maître n'insistera que d'une manière raison-

PIOGER. *La Surdi-Mutité.*

nable sur la nomenclature qui accompagne chaque leçon, il s'y arrêtera assez pour bien poser la voix et il commencera les leçons suivantes dès que l'organe sera assez assoupli pour permettre un nouveau pas en avant.

« Toutes les notions acquises seront revues méthodiquement dans les années suivantes (1). »

Pendant cette période de démutisation, le signe écrit est toujours indiqué de façon à l'associer étroitement au signe labial. Très rapidement, pour mieux graver cette association en forçant l'attention, les enfants sont amenés à écrire eux-mêmes ces signes, c'est-à-dire ces lettres, ces syllabes, ces premiers mots. En sorte que la parole, la lecture et l'écriture sont apprises en même temps. Ils arrivent très vite à écrire eux-mêmes les sons que le maître prononce et à prononcer les sons au fur et à mesure que le maître les écrit. Les premiers exercices se font en suivant d'abord le même ordre de succession jusqu'à ce que les élèves ne se trompent plus, puis en intervertissant l'ordre, enfin en prononçant un son et en montrant un autre écrit pour leur apprendre à les distinguer, pour éveiller et développer leur attention et pour leur faire comprendre que toutes les associations ont une raison d'être. Bientôt on montre en articulant un son, non pas seulement le mot écrit, mais l'objet qu'il désigne, et l'on répète les mêmes exercices jusqu'à ce que les élèves ne se trompent plus. Dès que ceux-ci ont appris, de cette façon, une dizaine de noms simples d'objets qu'ils connaissent et qu'ils voient, on leur fait commencer de petites dictées qui constituent un excellent mode de contrôle, et qui bientôt permettent de commencer des exercices d'orthographe et de grammaire en montrant que les mots, non seulement désignent les choses, mais indiquent les changements et les rapports entre les choses, grâce à des modifications dans la façon de les écrire et de les disposer. Dans une partie de la méthode de Grosselin se trouvent des signes graphiques d'analyse grammaticale et d'analyse logique qui permettent de noter ces nuances, sans avoir besoin de recourir à des mots que les enfants

---

(1) Baguer : *loc. cit.*

ne peuvent encore ni prononcer ni comprendre. Quand on a réussi à bien faire associer un certain nombre d'objets connus à une de leurs qualités connue et visible, il devient facile de leur enseigner le verbe être et la négation en leur faisant dire et en écrivant : le chou est vert, la baguette est longue, le chou n'est pas long, la baguette n'est pas verte. Ces exercices, en se répétant, amènent les enfants à comprendre la signification et l'emploi du verbe *être* en même temps que de l'adjectif, de l'affirmation et de la négation.

Dès lors on a obtenu non seulement la démutisation de ces muets, mais on a ouvert leur entendement en faisant naître en eux la faculté de noter leurs sensations, en amenant une association de ces sensations d'où résulte le premier germe de l'idéation, de la conscience et du jugement, c'est-à-dire la pensée, c'est-à-dire l'être intellectuel et moral qu'il n'y a plus qu'à développer, cultiver et perfectionner par l'instruction et l'éducation.

Afin de donner une idée exacte dont se fait l'enseignement à l'Institut, nous avons pensé que le meilleur moyen était de réunir ici, à titre de documents, les exposés succincts faits par les maîtres eux-mêmes des procédés et de la méthode qu'ils emploient chacun à sa façon pour instruire les enfants qui leur sont confiés.

Cours d'articulation. — 1re année
Par Mlle Jeanne-Camille Conart.

Dans les petites classes de sourds-muets, l'enseignement de la parole est l'idée dominante.

Lorsque le jeune sourd-muet arrive à l'école, il est d'abord étonné, il ne comprend pas de suite les exercices qu'il doit faire ; c'est presque en jouant que le maître arrive à commencer la classe, à fixer l'attention de l'élève.

Le sourd-muet imite assez facilement ; nous lui faisons donc imiter, d'abord des mouvements larges, très visibles, comme par exemple, lever un bras, le baisser, lever les deux bras, puis des mouvements moins étendus, comme tourner la tête de différents côtés ; puis plus restreints, fermer un œil, tirer la langue, la promener de droite à gauche ; de moins appréciables encore, fermer le poing, puis l'ouvrir, ensuite fermer ou plutôt plier un doigt, deux, etc...

En même temps et toujours par imitation nous développons les organes respiratoires par des mouvements de gymnastique : élever les bras de façon à dilater la cage thoracique pour faciliter l'inspiration, les abaisser plus ou moins lentement pour régler l'expiration ; faire sentir sur la main de l'enfant le souffle qui s'échappe par sa bouche pendant l'expiration, etc...

Lorsqu'il sait respirer convenablement on fait varier les exercices : inspirer par la bouche, expirer par le nez et réciproquement, puis développer le souffle, faire mouvoir à souffle continu ou explosif une bille placée dans une règle creuse ; par le même procédé, balancer rythmiquement un bouchon suspendu à un fil, ou encore éteindre à distance plus ou moins longue une bougie allumée, faire vaciller la flamme ; faire tourner de petits moulins de papier, gonfler des sacs d'épicier, des ballons de caoutchouc, etc...

Variés à l'infini, ces exercices de souffle préparent l'enseignement de la parole.

L'enfant apprend en outre à mettre sa bouche dans les positions diverses exigées par les différents sons. Il n'y a plus, pour produire la voix, qu'à provoquer chez l'enfant les vibrations laryngiennes. Il a si bien pris l'habitude d'imiter qu'il arrive sans grande difficulté à reproduire les gestes et les mouvements qu'on lui indique ; au moment où les cordes vocales vibrent, l'enfant s'en rend compte par le toucher ; si la bouche avait la position voulue, on obtient un son, généralement la voyelle **A**, qui est la plus facile à enseigner.

La gymnastique linguale et labiale a préparé l'enfant à l'émission de plusieurs consonnes telles que **P′ T′ F′ S′ G′ H′ K′**. L'union de ces consonnes avec les voyelles déjà étudiées donne naissance à des syllabes, puis à des mots. Ainsi, pour former la syllabe **PA**, l'enfant dispose les lèvres comme pour **P′**, mais, au lieu de ne laisser échapper qu'un souffle, il ouvre la bouche dans la position de **A**, et, faisant vibrer ses cordes vocales, il prononce **PA** ; de même pour les autres syllabes ; on arrive ainsi aux premiers mots : **PAPA, TAPE, CHAT**, etc...

Lorsque l'enfant sait ainsi prononcer un mot, ce mot ne représente pour lui qu'une somme d'efforts et d'attention ; grâce au musée et aux images représentant les choses exprimées par les mots, l'enfant apprend en même temps qu'il prononce le mot, sa signification et aussi son signe graphique, sa forme écrite.

Cette étude demande beaucoup de temps ; à la fin de la première année l'enfant ne connaît guère qu'une centaine de mots, faciles à prononcer ; il va ensuite plus vite. A la fin de la 2e année, il a fini son articulation, c'est-à-dire qu'il possède tous les éléments phonétiques, qu'il sait lire, écrire, et qu'il peut commencer l'enseignement primaire.

Déjà, il a été initié à quelques règles pratiques de grammaire, il distingue le genre et le nombre, et sait faire accorder l'adjectif avec le nom.

Le sourd-muet a reçu aussi quelques notions de calcul. Avant même qu'il puisse prononcer les mots, on lui donne l'idée du nombre : il groupe par exemple des objets différents : trois plumes, trois crayons, trois cahiers, trois boules sur le boulier, trois traits au tableau et il écrit le chiffre 3, résumé de tout ; ainsi de suite pour les autres nombres.

Les autres enseignements sont rudimentaires dans cette classe, la morale est toute pratique, la leçon est simple et porte sur un fait bon ou mauvais, accompli par un des élèves — l'un est bien, l'autre est mal, suivant le fait. Ce n'est jamais trop simple pour de si jeunes enfants, plus jeunes encore que d'autres du même âge à cause de leur état anormal.

Pour que le maître se fasse comprendre sans employer de signes, il habitue ses élèves à lire sur les lèvres quelques petites propositions que les enfants ne peuvent encore prononcer, mais dont ils comprennent la signification à force de voir tous les jours la même chose.

Des phrases telles que : lève-toi, viens, mouche-toi, va à ta place, donne-moi ton cahier, etc., le nom de chaque élève, habituent les enfants à toujours regarder le maître et à saisir le plus vite possible ce qu'il dit. L'émulation aidant, on obtient des résultats de plus en plus satisfaisants...

Cours d'articulation. — 2e année
par M. Émile Bessonneau.

Le jeune sourd-muet arrive à l'école indocile, inattentif, ne voyant des choses que les côtés grossièrement saillants.

Le maître a donc comme premier soin de fixer l'attention de l'enfant, et, par des exercices d'imitation bien gradués, de l'amener à regarder davantage, à préciser, à détailler ce qu'il voit. Ce résultat s'obtient par des exercices préparatoires qui ont pour but de faire l'éducation :

1° *De la vue et du mouvement :* marcher d'une certaine façon, présenter le cahier, l'ardoise, la plume, dans un sens déterminé ; déplacer un objet, saluer, se lever, s'asseoir, se pencher, mouvoir par imitation les bras, les jambes, les mains, les doigts, la tête, les yeux, etc...

2° *Du toucher :* faire palper et reconnaître les yeux bandés ou fermés, des objets d'abord très différents, puis à peu près semblables...

3° *De l'appareil vocal :* inspiration, expiration, souffle, ouverture de bouche, gonflement des joues, contraction des lèvres, sortir la langue, l'allonger, l'élargir, la relever, la bomber, etc...

4° *De l'intelligence par la lecture synthétique :* faire comprendre et exécuter quelques ordres : assis, debout, en rang, droite, gauche, faire distinguer les camarades par leur nom, faire distinguer un certain nombre d'objets usuels et de nécessité journalière (la chaise, la table, la porte, la fenêtre).

Après ces exercices plus ou moins prolongés et dont quelques-uns ont une importance capitale (ceux de l'appareil vocal) le sourd-muet est mûr pour la parole articulée.

Il sait déjà ouvrir la bouche et placer convenablement la langue; le premier son à lui faire émettre est a.

Le a émis sera plus ou moins net, il ne tardera pas à mieux se fixer et à prendre plus d'ampleur accompagné d'une consonne : p' = pa.

Beaucoup de sourds-muets ont une tendance à nasiller dans l'émission des voyelles. Il convient de combattre cette disposition et de rejeter pour une période beaucoup plus éloignée tout élément nasal.

Il arrive aussi, surtout chez des enfants qui ont conservé un reste d'ouïe, de rencontrer dans les voyelles a, o, une sonorité considérable qui ne se maintient pas dans ou, u, et quelquefois dans i, é. Ou encore cette sonorité, si on ne réagit pas, domine toutes les consonnes et les autres voyelles qui les accompagnent, en sorte que, dans la lecture d'un mot ou d'une proposition, on n'entend plus que les deux sons favoris a o. Renforcer par des exercices les sons faibles et les consonnes, puis modérer l'émission des deux voyelles, trop sonores, tels sont les remèdes.

A Asnières, nous avons un manuel d'articulation qui donne d'excellents résultats.

La caractéristique de ce travail a été de réagir contre les doctrines trop absolues de certaines écoles et de faire marcher de pair :

1° l'articulation ;
2° la lecture ;
3° le vocabulaire ;
4° l'écriture (forme graphique et orthographique des mots).

Au lieu d'exercer l'enfant à parler des syllabes n'ayant aucun sens, fastidieux exercice pour l'élève comme pour le maître, on retrouve ces mêmes syllabes réunies en des mots parlant à l'intelligence et exprimant des noms d'objets, d'animaux, de personnes, des verbes et des adjectifs. C'est ce que condamnaient, il n'y a pas encore longtemps, les apôtres du mode d'enseignement oral.

L'ordre dans lequel on étudie les éléments phonétiques de la langue française ne doit pas être laissé au hasard. Une classification s'impose.

Nous avons vu qu'en général les sourds-muets ont une tendance à la nasalité ; nous prenons donc dans les six consonnes buccales : **p', t', f', s', ch', k'**, qui suivent **a**, la contre-partie du défaut nasal et avec **ou, oi, e**, nous formons une série d'exercices très propres à développer la voix par l'émission pure des éléments cités plus haut.

Je n'entrerai pas dans les procédés de démutisation, les règles en sont données dans les traités spéciaux. Si les petits moyens personnels varient à l'infini, les grandes lignes, les principes restent les mêmes. Il suffira d'indiquer que, pour les consonnes soufflantes et sifflantes, on ne saurait trop exagérer ; les sourds-muets ont une tendance trop marquée à les couler sans les faire suffisamment sentir.

C'est le moment de dire un mot d'un exercice pratiqué avec succès à Asnières. Je veux parler de la leçon collective. Les élèves assis à leur place, ou mieux encore réunis en demi-cercle, devant le tableau noir, côte à côte, et un bras enlaçant par derrière la taille du voisin, répètent une série d'exercices préalablement enseignés individuellement. La vibration des organes, facilement perçus par le toucher et le contact des corps rapprochés, communique une espèce d'entraînement des plus heureux surtout si, à côté d'une voix faible, le maître a placé un meilleur organe ; de cet ensemble de voix fondues par l'exercice, sort un tout beaucoup plus satisfaisant.

Il est utile d'enseigner au plus tôt la consonne **l**, qui permet l'emploi de l'article **le, la, les**. En joignant constamment l'article au nom dans tout le cours d'articulation, l'enfant apprend, chose importante, le genre du nom qu'il prononce et cela sans grand effort de mémoire, par l'habitude, absolument comme l'entendant.

Après avoir donné les éléments : **è, i, o, r, v, z, b, d, g, pl, bl, pr, tr...**, etc., nous arrivons aux résonnances nasales. L'enfant a été habitué par de longs exercices à éviter l'écueil de la nasalité. Il peut maintenant aborder, sans préjudice pour ce qu'il a acquis, l'étude de m', n', gn'.

Les résonnances bucco-nasales sont facilement comprises des enfants après quelques exercices.

Avec an, on, in, un, il faut éviter un nouveau danger ; c'est que l'élève, ne partageant pas suffisamment la colonne d'air, renvoie tout le son par les fosses nasales. Ce défaut est fréquent et, si on ne réagit pas immédiatement, l'habitude devient presque incurable.

Nous avons parcouru rapidement la série des sons. Dès les premiers, l'enfant a débuté dans l'étude des mots que nous avons formés au plus tôt avec les sons acquis. Ces mots, *noms de personnes, d'objets, d'animaux, verbes, adjectifs et adverbes*, il les a lus, relus, étudiés, écrits en dictées. Il en connaît la valeur phonétique, graphique et lexicologique. Puis, avançant dans l'étude des sons, son vocabulaire s'est enrichi de mots nouveaux qui lui servent déjà à communiquer ses pensées, à solliciter les choses qu'il désire, à manifester ses besoins. Au plus tôt, pour former son langage, nous avons fait rechercher le sujet du verbe par la question *qui ?* puis le complément par la question *quoi ?*

Nous lui avons encore appris la *possession* avec le verbe avoir.

Il sait attribuer une qualité ou un défaut à une personne ou à une chose avec emploi du verbe être (forme affirmative et forme négative).

Ainsi, avec les simples éléments appris pendant sa démutisation, nous avons jeté les bases de l'étude de la langue. En passant dans le cours suivant, notre élève développera encore son vocabulaire, formera la proposition complexe à l'aide des prépositions à, de, sur, sous, dans, etc., et, dès ce moment, il pourra s'exercer à comprendre un texte suivi sur des sujets simples. . . . .

. . . . , ...

2º. — Enseignement Primaire.

Premières notions de Grammaire.
Par M. Prosper Tranchecoste.

Les élèves qui viennent dans ma classe au commencement de l'année ont terminé leur articulation. Je fais une prompte revision du petit bagage d'instruction qu'ils possèdent. Je leur enseigne à reconnaître le nom, l'article, le genre, le nombre, le verbe, l'adjectif, etc.

Pour les familiariser davantage avec ces différentes idées, je leur fais mettre sous les mots du texte étudié les signes graphiques d'analyse en usage dans notre école. Ces signes pris dans la méthode Grosselin, sont un puissant auxiliaire. Je fais faire beaucoup de petits exercices au fur et à mesure que j'enseigne des termes nouveaux. Par exemple, après avoir appris deux ou trois noms du masculin singulier, autant du féminin singulier, etc., je fais trouver par les élèves eux-mêmes, et le plus possible, des noms du même genre et du même nombre : le tableau, le pupitre, le banc, le parquet, la table, la chaise, la porte, la fenêtre, la chemise, etc.

Puis je leur apprends à former le pluriel.

Pour l'adjectif, je présente par exemple un papier rouge. Une fois qu'ils saisissent la signification du mot rouge, je fais nommer tous les noms qu'ils connaissent possédant cette qualité ; ils formulent des propositions comme celles-ci : ce papier est rouge, le sang est rouge, la tuile est rouge, etc.

Ils connaissent la signification des principaux verbes : marcher, sauter, courir, manger, boire, dormir, etc.

Je pose avant chaque verbe la question qui ? ils nomment

alors plusieurs êtres exécutant ces différentes actions. Le cheval marche, le bœuf marche, l'homme marche, etc., l'élève mange, papa mange, le chat mange, l'oiseau mange, etc.

Puis je les habitue à répondre à la question du complément direct quoi? et ensuite à la question des autres compléments Quand? Où?

Je les prépare de cette manière aux leçons de choses qui doivent être pour ainsi dire la base de l'enseignement. Alors, je choisis dans le programme des écoles primaires les sujets les plus concrets. D'abord, ce sont les animaux. Un animal que tous connaissent, que tous ont vu, c'est le cheval. Je leur mets devant les yeux une gravure représentant cet animal. Je la leur fais observer. Les élèves nomment les différentes parties du corps du cheval et je leur apprends à formuler des propositions de ce genre : le cheval a une crinière, il a une jolie queue touffue, il a des sabots et des fers aux pieds, etc.

Puis avec le verbe être. Le cheval est grand, il est beau, il est fort, etc.

Continuant de la même façon, je leur apprends à dire ce que le cheval mange, ce qu'il boit, ce qu'il fait, où il habite, qui conduit le cheval, le nom de sa femelle et de ses petits, etc. Le tout est écrit au tableau par les élèves eux-mêmes, venant à tour de rôle fournir une proposition. La leçon terminée est recopiée avec plus de soin, on la relit ; les élèves la reproduisent comme devoir, le soir en étude et l'apprennent comme leçon. Pour compléter, le lendemain on en fait l'analyse orale. Je fais dire la nature des mots, le genre et le nombre de l'article, du nom, de l'adjectif et du pronom ; la conjugaison, le mode, le temps, la personne et le nombre du verbe. Une autre fois on recommence cette même leçon par questions. . . . .

. . . .
.

L'enseignement de la langue.
Par M. Joseph Bidet.

Pour le sourd-muet, comme pour l'enfant normal, la langue est le but et le moyen des études.

Apprendre à nos élèves à penser avec des mots et à parler leur pensée est notre premier devoir : grammaire, arithmétique, géographie, histoire, lecture, sont autant de sujets pour enseigner la langue maternelle.

Au début, quand le sourd-muet *sort du cours d'articulation*, son principal moyen d'instruction est la leçon de choses proprement dite. Les sujets doivent en être variés et choisis. L'enfant doit voir, toucher, sentir. Parler aux sens est le plus sûr moyen de parler à l'intelligence.

Les différentes matières du programme doivent toutes concourir à l'enseignement du français ; il sera peut-être utile d'indiquer sur une branche de connaissances la marche que nous suivons.

Prenons pour exemple le vocabulaire géographique.

Ma première leçon porte sur le plan de la classe. Je trace en gros traits les murs. A l'intérieur, je marque la place des différents meubles scolaires. Des interrogations sont posées aux élèves pour leur faire nommer les objets représentés. Je leur demande ensuite où le soleil se lève, où il se couche par rapport à l'école. J'apprends à reconnaître les points cardinaux et les fais indiquer sur le plan. On nomme ensuite les différentes choses : parc, jardin, réfectoire, couloir, qui limitent, qui bornent la classe.

Du plan de la classe on passe à celui de l'école entière. Dans notre premier dessin, la classe occupait tout le tableau, ici le tracé se réduit au dixième ou au centième pour laisser place à toutes les autres parties de l'établissement. Par là, nous donnons au sourd-muet l'idée des surfaces proportionnelles et des mesures à une échelle déterminée. Puis nous représentons toute notre école par un petit rectangle ; nous montrons ce même rectangle sur le plan d'Asnières. Nous demandons à nos écoliers le nom de telle ou telle rue voisine de notre école. Nous les questionnons sur la place de la mairie, du marché, sur les communes voisines, etc.

Tout le monde sait que la nomenclature géographique s'enseigne à l'école primaire par une dizaine de pages de définitions. L'enfant apprend des mots, non des choses. Voulons-nous enseigner ce qu'on entend par rivière, île, etc., nous conduisons nos élèves dans le parc, l'un apporte du sable, l'autre de l'eau. Nous construisons des rivières, des îles, des isthmes, des montagnes, des golfes, des caps. Aux jours de pluie, le milieu de notre cour qui divise les eaux en deux parties nous permet de causer de la ligne de partage des eaux, du sommet des montagnes, de leurs versants. Les promenades du jeudi et du dimanche sur les bords de la Seine et sur les collines environnantes viennent compléter notre enseignement et agrandir l'horizon. Nous essayons de donner aux enfants des idées aussi justes que possible sur la longueur des fleuves, la grandeur des montagnes, l'immensité des mers. Nous les mettons en garde contre les interprétations erronées, nous cherchons surtout à être bien compris. Nous ne voulons pas qu'ils se payent de mots et qu'ils essayent d'en payer les autres. Nous ne tenons au mot que s'il exprime une chose nettement déterminée. . . . .
. . . .

L'enseignement de la langue.
Par M. Pierre Courrèges.

Les élèves du cours élémentaire de français sont des enfants de 9 à 11 ans. Ils ont tous les éléments de la parole articulée et un vocabulaire relativement étendu (noms, verbes, adjectifs). Ils possèdent également la signification des mots qu'ils prononcent mais ils ne sont pas encore assez exercés pour pouvoir exprimer d'eux-mêmes leurs idées en bon français.

Ils doivent maintenant apprendre à classer les mots.

Pour qu'une idée générale soit comprise dans son ensemble, il faut évidemment que les parties qui la composent, prises séparément, soient parfaitement saisies. Mais entre ces diverses parties, il existe des rapports qui ne doivent pas échapper. Il faut habituer l'élève à suivre, dans ses constructions de phrases, un ordre immuable. Dans la rédaction des petits textes suivis qu'il peut comprendre, il faut lui faire classer les idées en suivant rigoureusement l'ordre chronologique des faits et en les exprimant le plus simplement possible.

Toute idée donnée par la chose, l'image de la chose, l'exécution des actes, sera parlée aussitôt que vue ; la suite des idées sera parlée de même. La question viendra ensuite, tantôt parlée, tantôt écrite. Par ce travail, on arrivera rapidement à la compréhension à peu près parfaite d'un texte simple. L'intelligence s'en trouvera plus ouverte, l'œil sera plus exercé à lire la parole sur les lèvres, les mots seront gravés dans la mémoire et l'élève sera familiarisé avec les formes interrogatives, affirmatives et négatives. C'est là le but à atteindre. Dès ce moment, la parole étant comprise, on pourra et on devra poursuivre l'éducation par la parole seule, sans le secours d'aucun geste. . . . .

. . . .

Le Français dans les classes élémentaires.
Par Mme Jeanne Debray.

Lorsque l'enfant a *terminé son articulation*, c'est-à-dire lorsqu'il a appris à émettre tous les sons simples et composés qui constituent le langage, on peut commencer l'enseignement primaire.

Le but, à cette période d'instruction, est d'augmenter le vocabulaire de l'enfant, de lui apprendre à s'exprimer aussi correctement que possible et surtout de l'habituer à voir, à observer, à juger, à comparer.

C'est en analysant, suivant un programme déterminé, les objets qui nous entourent, les meubles, les vêtements, les animaux, les aliments, etc..., que nous trouvons le moyen d'augmenter, jour à jour, le vocabulaire. La leçon de chose est la base, le procédé type.

Nous demandons à chaque chose son nom, le nom de ses différentes parties, sa forme, sa couleur, ses qualités, ses usages ; chaque réponse est formulée en une courte proposition, nette et précise ; ces propositions, soigneusement classées, forment un petit texte suivi que l'enfant étudie. La leçon de grammaire est faite sur ce texte qui renferme tous les éléments dont on doit signaler les propriétés et le rôle : nom, article, adjectif, principales règles d'accord.

Pour l'enseignement du verbe, nom de l'action, pivot de la proposition, il faut insister davantage. On emploie le procédé suivant (déjà préconisé par Gouin pour les langues étrangères).

On donne un ordre qui sert de thème : boire du vin, par exemple.

Il y a là une action simple qui nécessite un certain nombre de mouvements, de temps, comme on dit en gymnastique.

On décompose l'action et on nomme chaque temps, chaque mouvement au fur et à mesure.

Pour boire du vin :

Je prends la bouteille.
J'ôte le bouchon.
Je penche la bouteille.
Je place le goulot au-dessus du verre.
Je penche davantage la bouteille.
Le vin coule dans le verre.
Je redresse la bouteille.

Je pose la bouteille sur la table.
Je prends le verre.
Je porte le verre à mes lèvres.
Je penche le verre.
Je bois.
J'ai bu du vin.
Je repose le verre.
Je rebouche la bouteille.

En exécutant cette série d'actions, l'enfant en apprend le nom, non pas par définitions, mais par l'exécution même.

Il retient facilement ces propositions parce qu'elles se suivent d'après l'ordre chronologique des faits et que l'exécution de l'action s'associe comme réflexe au nom de l'action.

Le même mouvement exécuté par deux élèves permet la permutation au pluriel :

   Nous prenons la bouteille.
   Nous ôtons le bouchon...

De même on enseigne la 3ᵉ personne :

L'un exécute, l'autre dit :

   (Elle ou) il prend la bouteille.
    il ôte le bouchon...

Plus tard ce seront les permutations de temps :

   Hier, pour boire du vin,
    J'ai pris la bouteille,
    J'ai ôté le bouchon...

   Demain, pour boire du vin,
    Je prendrai la bouteille,
    J'ôterai le bouchon...

Ces leçons sont allongées ou diminuées suivant l'âge et la force des élèves ; mais la progression n'en existe pas moins. L'enfant a fait connaissance avec de nouveaux verbes qui, se rattachant à une même idée, à une idée vécue, se classent et se retiennent facilement.

L'enseignement de la préposition et de l'adverbe ne présente pas grande difficulté.

La maîtresse *exécute* et fait *exécuter* simultanément diverses actions. Poser une plume, un cahier, *sur*, *sous*, *dans* un autre objet ; marcher *vite*, marcher *lentement*, boire *peu*, boire *beaucoup*, etc., etc... Un mot en amène un autre. Arrivé à ce point, l'élève fait de très rapides progrès ; il pense en langage parlé ; il emploie de moins en moins le signe mimique.....

De l'Écriture.
Par Mlle Mathilde Vialle.

L'enfant s'intéresse plus à une leçon dont il voit le but et l'utilité qu'à un exercice abstrait dont il n'a pas saisi le sens.

L'écriture, par exemple, ne doit pas être uniquement de la calligraphie ; la décomposition des lettres ne doit être qu'un acheminement vers l'image même de la lettre, vers le signe écrit correspondant à une image buccale, à un effort vocal.

Aussitôt qu'un élément est articulé par l'élève, on peut lui apprendre à le reproduire par l'écriture.

L'enfant écrit dès son arrivée ; alors, pour fixer son attention, pour l'inviter à imiter ce qu'il voit faire, on lui fait exécuter des points, des traits droits ou obliques. Aussitôt qu'il commence l'étude de la parole, il est assez assoupli pour reproduire, sinon élégamment, du moins exactement, la forme des lettres correspondantes. Pour l'enfant, l'écriture est pour ainsi dire le portrait, la physionomie de la lettre et il ne sépare plus le son de la forme écrite.

Dans les petites classes, ce système peut donner lieu à des exercices variés, intéressant bien les enfants. Tantôt on leur écrit au tableau un mot dont ils doivent montrer la représentation dans l'album d'images, en l'énonçant à haute voix, tantôt on leur fait voir un objet dont ils doivent écrire le nom après l'avoir prononcé.

Dans les classes plus élevées, la parole ne laisserait certainement que des traces fugitives si l'on n'employait pas l'écriture pour mieux graver les enseignements dans la mémoire de l'élève.

Dans les grandes classes, comme dans les petites, la leçon d'écriture ne doit pas avoir pour objet la reproduction d'un modèle banal, pris au hasard et plongeant l'enfant dans un ordre d'idées complètement étranger aux leçons de la journée.

Un précepte, si l'on a parlé morale, un enseignement utile

découlant de la leçon de choses, seront bien plus profitables. La leçon de calligraphie ne doit pas être longue ; quatre lignes au plus suffisent à toutes les exigences, un ou deux devoirs écrits venant ensuite pour l'application journalière.

Autant que possible, le modèle doit se renouveler à chaque ligne ; de cette façon l'élève est forcé de se reporter chaque fois à la manière de faire du maître. Si on ne lui donne qu'un modèle, et qu'il fasse une faute à la première ligne, il la répétera jusqu'à la dernière. L'élève se recopie lui-même de plus en plus mal ; en variant le modèle, on l'oblige à soutenir constamment son attention.

L'écriture vient fixer la parole.

Dans l'enseignement de la parole aux sourds-muets, l'écriture est donc un contingent utile, pourvu toutefois qu'on en use avec sobriété.

Enseignement de l'Histoire de France.
Par M. Gaston Malin.

Une des parties du programme d'enseignement qui plaît le plus aux enfants, c'est l'histoire.

L'enfant, par sa nature, aime les histoires. Tout ce qui sort un peu de la vie commune a le don de le charmer. Promettez-lui un récit quelconque s'il travaille bien, il fera tous ses efforts. Il sera d'une attention sans pareille du commencement à la fin du récit. Sa physionomie reflétera l'expression de sa pensée. On le verra sourire, éclater même, si l'histoire est gaie, comme on le verra s'attrister, pleurer quelquefois, si le récit est un peu dramatique. Il plaindra de tout son cœur la victime et désirera de toutes ses forces le châtiment du criminel.

Donc, l'enfant aime l'histoire de France.

Comment enseigner l'histoire ? En donnant simplement des textes à apprendre ? Non.

Il existe maintenant dans toutes les écoles des images, des

tableaux coloriés représentant les faits principaux, les grands hommes de notre histoire nationale.

Il faut avant tout frapper l'imagination de l'enfant. Le maître prendra ces tableaux et fera voir à ses élèves les personnages représentés. Il fera remarquer les costumes des hommes d'armes, des chefs, le harnachement des chevaux. Puis il expliquera d'une façon très claire ce que sont ces personnages, ce qu'ils font et pourquoi, en ayant soin de ne pas trop appuyer sur les détails sanglants, qui pourraient donner de mauvais résultats au point de vue moral, mais au contraire en faisant surtout ressortir ce qui pourra développer les bons sentiments, l'honneur, la vaillance, le courage.

Voici un exemple de leçon. Nous sommes au début de l'histoire. Le maître a déjà donné à ses élèves l'idée de Patrie, les enfants savent que notre beau pays de France n'a pas toujours été couvert de villes, de routes, de manufactures, de chemins de fer. Ils savent quel était l'aspect de la Gaule. Ils savent aussi que les Romains ont conquis la Gaule.

Le tableau que le maître fait voir à ses élèves représente

VERCINGÉTORIX SE RENDANT A CÉSAR.

Le maître. — *Que remarquez-vous sur cette image ? Les enfants répondront dans un ordre plus ou moins régulier.*

— Nous voyons un homme à cheval, — il regarde un autre homme assis sur un fauteuil — celui qui est assis a l'air méchant, — il est entouré d'hommes couverts de fer et portant des bâtons pointus. — L'homme à cheval croise les bras.

Regardez à terre. Vous voyez un sabre, une coiffure, cette coiffure s'appelle un casque, ceci c'est un bouclier. Ces armes sont en fer. Cet homme qui est à cheval, je vais vous dire son nom, il faudra vous le rappeler, c'est le nom d'un brave. Il s'appelle Vercingétorix.

Celui qui est assis s'appelle Jules César.

Le maître, en même temps, écrit ces noms au tableau noir et les fait lire par quelques élèves.

Ces hommes que vous voyez autour de Jules César, ce sont des soldats romains. Jules César est le chef des Romains. Vercingétorix est le chef des Gaulois. Vous le savez déjà, autrefois, il y a bien longtemps, la France portait le nom de Gaule. Les hommes qui vivaient en Gaule s'appelaient des Gaulois. Ceux qui habitaient l'Italie s'appelaient des Romains.

Ces Romains auraient voulu s'emparer de la Gaule.

Si des voleurs voulaient entrer chez vous la nuit, votre père se lèverait pour les chasser.

Les Gaulois ne voulaient pas laisser prendre la Gaule. Ils s'étaient réunis, avaient formé une armée pour repousser les Romains. Mais les Gaulois étaient moins bien armés et surtout moins bien disciplinés que les Romains. Ils ne savaient pas assez obéir aux chefs.

Aussi ils furent vaincus, ils perdirent plusieurs batailles, et se trouvèrent enfermés dans une ville nommée Alésia.

Jules César voulait les tuer tous s'ils ne se rendaient pas. C'est alors que leur chef, Vercingétorix, pour leur sauver la vie, alla trouver Jules César, demandant à être mis en prison.

Vous le voyez, il vient d'arriver et attend qu'on lui mette des chaînes.

Vercingétorix était un brave, il n'avait pas peur. C'était surtout un patriote, bon et généreux ; il aimait mieux mourir que voir désoler sa patrie.

La leçon d'histoire doit en même temps servir de leçon de choses. Le maître fait remarquer les vêtements et les armes des Gaulois. Ils n'avaient pas de fusils, de canons comme les soldats d'aujourd'hui.

Plus tard, lorsque le vocabulaire sera plus complet, le maître étendra ses leçons, les détails seront plus nombreux et plus précis.

Pour qu'une leçon soit profitable, qu'elle soit bien comprise, il faut en quelque sorte qu'elle soit vivante, concrète.

Quand le sourd-muet aura bien compris, bien imaginé, bien vu les faits, il pourra acquérir graduellement le vocabulaire des idées abstraites : patriotisme, dévouement, héroïsme, gloire, patrie, nation, indépendance. . . . .

Enseignement de la géographie.
Par M. Joseph Louette.

Il est aussi facile d'enseigner la géographie aux sourds-muets qu'aux entendants-parlants.

Il suffit de commencer par se servir d'objets sensibles, de faire voir et toucher les choses, de mettre les enfants en présence de réalités concrètes, puis, peu à peu, de les aider à en dégager l'idée abstraite.

Partant de ces principes, on procède par voie d'entretien, en allant du connu à l'inconnu, du facile au difficile ; en passant du concret à l'abstrait, en ayant soin de faire prévaloir l'idée sur le mot, et en montrant la chose avant de la définir.

On se garde bien de suivre la méthode catéchistique qui consiste à faire apprendre aux enfants des définitions par demandes et par réponses ; les interrogations ne viennent qu'à la fin de la leçon, comme moyen de contrôle, pour voir si l'enfant a compris et retenu.

On commence par leur donner la nomenclature géographique et quelques notions sur le globe terrestre. On fait remarquer aux élèves la position d'un objet quelconque, la topographie de la classe, celle de l'école ; on leur enseigne, en s'appuyant sur les phénomènes de la marche du soleil, les quatre points cardinaux, on leur apprend à s'orienter.

Dans les promenades, on n'oublie jamais de leur signaler les choses les plus importantes qu'ils ont déjà vues, dont ils connaissent les noms, sans toutefois les avoir observées et étudiées comme il convient. On leur montre les cours d'eau, les divers accidents de terrain, les produits du sol, etc.,. En élargissant le cercle, on leur fait connaître le département où se trouve l'école avec ses divisions par arrondissements, par cantons. On leur donne toutes les connaissances qui peuvent leur convenir, c'est-à-dire celles dont le désir ou le besoin se fait sentir à leur esprit.

Le département de la Seine une fois connu, on s'étend sur le département qui l'entoure en indiquant aux élèves les lieux principaux ; on les amène ainsi à prendre connaissance avec la région qui les environne. Puis, toujours en s'éloignant, on leur donne des idées générales sur toute la France. (montagnes, fleuves, côtes, mers, villes principales, moyens de communication par eau et par terre).

Dans la dernière période, toujours au moyen de voyages sur la carte et la sphère, on leur fait voir les divers États de l'Europe en insistant sur leur position respective.

Puis, partant de l'Europe, avec une grande sobriété de détails, on leur fait parcourir les autres parties du globe, en insistant particulièrement sur les colonies.

Il est bien entendu que cet enseignement sera toujours fait en présence de cartes aussi simples que possible. Quelques reproductions de ces cartes seront aussi exécutées de temps à autre.

Prenons pour exemple une leçon faite sur les cours d'eau.

On profite d'un jour de pluie.

On leur fait remarquer que l'eau ne reste pas en place, qu'elle coule, qu'elle s'amasse dans les parties basses, qu'elle forme de petits ruisseaux.

Suivant des yeux un de ces ruisseaux, on leur montre qu'il se réunit à d'autres petits cours d'eau pour en former un plus grand ; que toutes ces rivières viennent se rejoindre en un cours d'eau plus grand encore. On leur demande alors s'ils ont déjà vu un très grand cours d'eau, une rivière, un fleuve ; ils ne manquent pas de répondre tous par l'affirmative et de désigner la Seine. C'est alors qu'avec la baguette on fait montrer sur la carte le cours de la Seine, qu'un autre élève trace au tableau noir. On suit le tracé, on explique ce qu'est la mer, son immensité, etc., on aide les enfants à donner eux-mêmes la définition et à dire que :

Les cours d'eau qui se jettent dans la mer s'appellent fleuves.

Les cours d'eau qui se jettent dans le fleuve s'appellent rivières.

Les cours d'eau qui se jettent dans la rivière s'appellent ruisseaux.

On leur dit également que l'endroit où l'eau commence à couler s'appelle source ; que l'endroit où elle se jette dans la mer s'appelle embouchure.

En géographie, comme en toute autre chose, il faut toujours, suivant l'heureuse expression de Valade-Gabel, conduire l'élève *des faits à l'idée.*

3º **Enseignement technique ou professionnel.**

Enseignement du Dessin.

Par Mlle Clémentine Fiérard.

Il n'est pas difficile d'enseigner le dessin à des sourds-muets, qui, souvent même, à cause de leur infirmité, ont pu acquérir, autant par nécessité que par éducation, une grande sûreté de coup d'œil.

Mais pour que le professeur et l'élève se comprennent sans recourir à la mimique, il est nécessaire qu'un vocabulaire *parlé* soit créé.

Dès que les petits sourds-muets ont terminé leur articulation, c'est-à-dire quand ils ont assez assoupli leurs organes vocaux pour qu'on ne soit plus arrêté par l'impossibilité d'obtenir l'émission de certains éléments phonétiques, il est indispensable de ne plus enseigner que *par la parole* toutes les parties du programme.

On ne saurait songer à employer le système des définitions, puisque ce sont justement les mots qui manquent, et que, à l'inverse des entendants, les sourds-muets connaissent mieux la chose que le mot.

Il ne nous appartient pas de rechercher si les entendants eux-mêmes ne trouveraient pas de grands avantages à être instruits par des procédés plus pratiques. En tous cas, c'est *intuitivement*, par l'emploi du mot au moment de l'exécution manuelle, que le jeune sourd-muet doit acquérir les termes dont le professeur de dessin se sert couramment pour diriger les exercices, corriger les erreurs, habituer l'élève à une juste appréciation des formes et des proportions.

Voici le procédé en usage à l'Institut départemental d'Asnières :

Comme il s'agit de jeunes enfants, de 8 à 10 ans, l'emploi, surtout au début, de crayons de couleurs permet de fixer mieux l'attention et de diminuer les causes de confusion.

Donc, à l'heure de la leçon, chaque élève reçoit trois crayons (noir, bleu, rouge) et une petite feuille de papier.

Le professeur fixe sur le tableau noir, avec quelques punaises métalliques, une feuille assez grande pour être bien vue. Avec des bâtons de craie (noire, bleue, rouge), il effectue l'exercice et le fait reproduire *en même temps* par les élèves, point par point, ligne par ligne.

Les mots employés sont articulés très nettement par le professeur, répétés par les élèves, écrits au tableau, lus, relus, et, à la fin de la leçon, copiés sur la feuille de dessin.

Prenons par exemple le premier exercice :

Le professeur commande, exécute, puis fait exécuter par les élèves :

Montrez le **haut** de la feuille.
Montrez le **bas** de la feuille.
Montrez le **milieu** de la feuille.
Au milieu de la feuille, placez un **point** rouge.
En haut de la feuille, placez un autre **point** rouge.
Entre les deux points rouges, placez un **point** bleu, etc....

Le dessin naît ainsi peu à peu, simultanément, sur la feuille du maître et sur la feuille de l'élève. Quand la manière d'opérer a été bien comprise, les enfants recommencent librement deux ou trois fois la copie du même modèle. Le maître corrige.

Il est alors facile d'obtenir graduellement des compositions ornementales qui, dérivant des expressions et des formes géométriques les plus simples, préparent l'élève à comprendre ce *dessin usuel* qui, nécessairement, dans les divisions plus avancées se fait, non plus par copie, mais d'après les objets eux-mêmes.

. . . .

Enseignement du travail manuel éducatif.
Par M. Elie Debray.

Pendant toute la durée de leur séjour à l'Institut, les sourds-muets sont exercés aux travaux manuels. Ces exercices ont pour effet le développement de l'intelligence, de la vue et de l'habileté manuelle.

Cet enseignement se présente sous deux formes :

1° Travail manuel éducatif (enfants de 6 à 13 ans) ;

2° Travail manuel d'apprentissage (enfants ayant 13 ans et plus).

Je ne m'occuperai ici que du travail éducatif.

Cette branche présente 5 degrés différents :

CLASSES	AGE des élèves	NATURE DES TRAVAUX
1° Cours préparatoire..	6 à 7 ans	Pliage, tissage, enlacements de bandes, tressage, découpages, fleurs, dessins.
2° Cours élémentaire..	8 à 9 ans	Pliage, tissage, marqueterie, dessin à main levée, dessin géométrique, vocabulaire.
3° Cours moyen........	9 à 11 ans	Cartonnage, dessin à main levée, dessin géométrique, vocabulaire.
4° Cours supérieur 2e d.	11 à 13 ans	Fil de fer, bois, dessin, vocabulaire.
5° id. 1e d.		Fer, bois, dessin, vocabulaire.

Les filles n'exécutent pas les travaux du cours supérieur.

Mais en revanche, elles sont habituées méthodiquement, dès l'âge de six ans, à tous les exercices de couture.

Caractère des travaux. — Pour rendre ces travaux plus attrayants, les exercices purement théoriques ont été réduits au plus petit nombre possible. Toujours on a essayé de donner aux modèles un caractère usuel.

EXEMPLE	OBJETS EXÉCUTÉS
Pliage de papier . .	Cocotte, boîte de pâtissier, bateau, moulin, bonnet. . .
Cartonnage	Boîtes diverses, porte-carte, plumier. . .
Fil de fer	Panier à savon, porte-lettre. . .
Bois	Plumiers, Porte-manteau. . .
Fer	Presse-papier, encriers, entrées de serrures, etc.

Procédés :

I. — **Section maternelle.** — *Pliage*. — 1° Le maître distribue des morceaux de papier de couleurs différentes (rouge et jaune par exemple).

2° Le maître exécute seul devant ses élèves le pliage (les élèves doivent savoir, avant de commencer un travail, ce qu'ils vont faire et connaître l'ensemble des opérations nécessaires pour l'exécution).

3° Le maître recommence, les élèves imitent de la façon la plus absolue, point par point, pli par pli.

Le maître prend une feuille (rouge).

Les enfants prennent une feuille (rouge).

4° Le maître place la feuille dans diverses positions (verticale, oblique, horizontale, tenue en haut, en bas, etc...)

Les enfants font de même.

5° Le maître exécute le premier pli.

Les élèves font la même chose.

Le maître exécute le deuxième pli.

Les élèves imitent...

Le maître prend une feuille de papier (jaune). Simultanément par le maître et par les élèves un deuxième pliage est exécuté de la même manière que le premier.

L'enfant connaît maintenant la marche à suivre. Il reproduit seul cinq ou six fois. Pendant ce temps le maître vérifie les travaux et vient en aide aux maladroits.

Pour que l'enfant voie bien, il est utile que le papier employé par le maître soit plus grand que celui qui est distribué aux élèves. L'œil s'habitue ainsi aux réductions à l'échelle.

La répétition du même exercice donne de l'habileté manuelle à l'enfant qui garde le souvenir des opérations exécutées et peut reproduire longtemps après le même exercice.

Tissage de bandes de papier. — Les bandes utilisées pour le tissage sont étroites, 10 ou 5 $^{m/m}$. Les élèves ont parfois quelque peine à distinguer les détails d'exécution. Pour remédier à cette difficulté, le maître dessine d'avance avec de la craie de couleur sur un tableau quadrillé la composition à obtenir. (Rapport élémentaire du dessin à l'objet).

1° Le maître exécute la première ligne du tissage.

2° Avec la craie de couleur il répète la reproduction de cette ligne en hachurant les carrés du tableau noir.

Les élèves réalisent la première ligne du tissage.

3° On procède de même pour une 2°, une 3° ligne, etc.. Après l'exécution, les enfants reproduisent le tissage en hachurant les carrés de leur cahier.

Dans la suite ils copient d'abord le dessin et exécutent le tissage d'après ce croquis.

De temps à autre, ils sont appelés à former eux-mêmes de nouvelles combinaisons.

II. — **Cours moyen**. — La forme des pliages est plus géométrique que dans le cours précédent.

Les procédés d'exécution sont les mêmes.

L'exercice terminé, le pliage réalisé est l'objet d'un dessin à main levée, puis d'un dessin géométrique exécutés simultanément par le maître et l'élève.

L'élève est habitué à se servir de règles, d'équerres et de compas. Il est exercé à prendre des dimensions en centimètres, puis en millimètres. Il s'habitue peu à peu à lire un plan et à connaître les mesures.

Les mesures, les formes géométriques et les objets employés dans ce pliage font ensuite l'objet d'un exercice de vocabulaire.

Pour préparer l'élève à la mise à l'échelle de dessins, on lui fait exécuter la reproduction graphique des tissages, soit grandeur d'exécution, soit plus grand ou plus petit.

Dans la première division de ce cours les élèves exécutent des solides géométriques et des objets usuels en carton. Ces objets sont ornés de découpages ou de motifs exécutés suivant la méthode employée dans la division précédente. Les procédés d'exécution et d'enseignement sont les mêmes que ceux de la deuxième division.

III. — **Cours supérieur.** — (Pour les garçons seulement ; pour les filles, les exercices de tapisserie, le tracé des broderies remplacent les exercices géométriques que les garçons font en bois et en fer).

Les élèves de ce cours ont 11 ans ; ils peuvent déjà manier des outils légers.

Les travaux sont de trois sortes :

1° Fil de fer ; 2° Bois ; 3° Fer plat (forte tôle). Avant la leçon : le maître indique sur le tableau : 1° La représentation de l'exercice ; 2° la succession détaillée des opérations à exécuter ; 3° Le nom des outils nécessaires pour l'exécution ; 4° Les termes et remarques sur lesquels il attirera l'attention des élèves.

1° Pour être sûr que les élèves connaissent les noms des outils, le maître indique le nom, le fait répéter aux enfants, et fait apporter les outils les uns après les autres.

2° Le maître exécute le travail. Avant de commencer une opération, le maître l'énonce et fait lire aux enfants, sur les lèvres et sur le tableau, ce qui s'y rapporte.

3° Il emploie toutes les fois qu'il en a l'occasion les termes usuels indiqués au tableau ; il les fait répéter et comprendre aux enfants.

Il fait reconnaître et nommer les différentes figures géométriques de l'exécution. Il fait mesurer l'objet.

Les enfants copient ensuite sur leurs cahiers le dessin et le texte figurant au tableau.

Ils exécutent l'exercice, mais non plus comme au début par imitation, mouvement par mouvement. Ici, toute l'opération est démontrée dès le commencement de la leçon, l'élève est laissé, sous surveillance, bien entendu, à une plus grande part d'initiative . . . .
. . . .

Enseignement du travail manuel du Bois.

Par M. Deschamps (1).

L'éducation des sourds-muets comporte nécessairement l'enseignement d'une profession.

S'il est relativement facile, du moins à Paris, de placer un jeune ouvrier bien préparé, il serait illusoire de compter sur l'industrie privée pour donner au petit apprenti sourd-muet les premières connaissances techniques qui sont nécessaires à l'acquisition raisonnée, et aussi intégrale que possible, du métier choisi.

Il ne suffit pas de montrer le métier aux jeunes sourds-muets ; il faut aussi leur enseigner, avec les noms des outils, les expressions spéciales à chaque corps d'état, il faut appeler leur atten-

(1) Introduction d'un ouvrage technique fait pour les Sourds-Muets menuisiers. M. Lioret, maître-ouvrier, a établi un ouvrage semblable pour le travail du fer.

tion sur le vocabulaire d'atelier ; il faut leur apprendre à articuler nettement tous ces mots et à les lire sûrement sur les lèvres de leurs interlocuteurs.

Le vocabulaire technique doit donc être donné en classe par le professeur spécial d'articulation. De là, résulte la nécessité de fixer, au fur et à mesure des progrès en apprentissage, le langage *parlé* pendant les heures de travail manuel.

Il fallait donc établir, en se basant sur les difficultés successives à vaincre par l'artisan, un programme limitant les termes à employer. C'est ce qui a été tenté.

Chaque exercice comprend : 1° le nom et l'emploi de l'outillage ; 2° les expressions spéciales à l'opération enseignée ; 3° les remarques géométriques qui se rapportent aux procédés employés, soit pour le tracé, soit pour l'exécution.

En ce qui concerne le *travail du Bois*, l'enseignement est avant tout pratique. Les apprentis ne confectionnent aucun de ces chefs-d'œuvre réduits qui ne servent qu'à figurer dans les expositions. Les travaux sont toujours effectués en vraie grandeur pour des objets d'une utilisation immédiate : huisseries, portes, fenêtres, parquets, bancs, tables, armoires, bibliothèques, meubles de toutes sortes.

Quel que soit le travail, il est établi d'après des plans avec légende qui, restant la propriété de l'apprenti, lui permettront de retrouver plus tard, quand il sera ouvrier, toutes les indications nécessaires sur le choix de la matière d'œuvre, les proportions à observer, les détails de construction, etc. Dans les leçons de dessin linéaire, ce sont ces plans qui, repris à main posée et à l'échelle convenable, servent de modèles.

Mais les difficultés ne peuvent être franchies que graduellement, étape par étape, les exercices que nous résumons dans ce cahier ont pour but d'amener l'apprenti, sur une pièce sacrifiée, à faire le premier essai du nouvel outil qu'on lui confie, à tenter la première épreuve, à obtenir le tour de main, à opérer avec ordre et méthode.

C'est en quelque sorte, sous une forme concrète, l'exposé théorique du travail pratique qui doit suivre.

Comme nous l'avons dit, le numéro de l'exercice sert aussi à déterminer pour le professeur d'articulation la leçon à faire, le langage à enseigner.

Une table alphabétique permet à l'apprenti de retrouver, non pas la définition du mot oublié, mais le numéro du premier exercice dans lequel il a appris intuitivement la signification de ce mot . . . .
. . . .

DEUXIÈME PARTIE

RAPPORT DE LA PSYCHOLOGIE DU SOURD-MUET AVEC LA PSYCHOLOGIE GÉNÉRALE

L'Institut départemental d'Asnières, avec l'ensemble des divers procédés d'instruction des sourds-muets tels que nous les voyons fonctionner et dont nous avons essayé de donner un court aperçu, constitue en réalité une sorte de laboratoire de Psychologie et de Pédagogie expérimentales.

Nous avons vu que toute l'instruction du sourd-muet se fait par les yeux. Si on s'en tenait à cette simple remarque, on ne comprendrait pas ce qu'il y a de difficile et de spécial dans cette instruction puisque le sourd-muet, non seulement n'est pas aveugle, mais a, en général, une grande facilité et une grande finesse d'observation. Mais la vue ne peut donner que la perception directe, objective, individuelle des objets et des phénomènes. Pour nous instruire, pour apprendre des autres, nous avons le besoin absolu de la parole. Voilà pourquoi le sourd-muet, privé des bienfaits de l'enseignement, reste condamné à une ignorance complète de tout ce qui constitue notre bagage d'instruction et de connaissances, c'est-à-dire notre développement mental, intellectuel, moral et social. Le sourd-muet, en effet, qui n'est muet que parce qu'il est sourd, ne pouvant ni s'entendre parler lui-même ni avoir l'idée que les autres peuvent l'entendre et le comprendre, se trouve naturellement condamné à la mutité et à l'isolement social. Ne comprenant que les signes qui se voient, il ne comprend pas ce qui se passe autour de lui quand il voit les entendants communiquer les uns avec les autres, sans gestes; il se sent isolé au milieu des autres et prend l'habitude de vivre solitairement, abandonné à lui-même, tant que l'instruction n'est pas venue à son secours. Mais dès qu'il a saisi un moyen de communiquer avec les autres, on le voit changer, se métamorphoser. Au lieu de vivre à l'écart, il cherche à se rapprocher de ses semblables, il devient *curieux* et s'efforce par tous les moyens de comprendre et de se faire comprendre. On a remarqué et on a dit justement que le sourd-muet, précisément par l'effet de son infirmité qui le condamne à l'isolement au milieu de ses semblables, est amené à observer davantage, à mieux voir, et à chercher à utiliser tout ce qui peut lui permettre de communiquer avec les autres. C'est ce que nous constatons à l'Institut. De là l'emploi, non seulement du geste, mais surtout de l'imitation à laquelle le sourd-muet excelle et qui devient une ressource précieuse dans l'enseignement de la parole qu'on arrive à lui donner rien qu'en lui faisant imiter les mouvements de la respiration, de la bouche, des lèvres et de la langue dans l'articulation des sons. Nous devons considérer, en effet, la démutisation comme purement *imitative* jusqu'au moment où le sourd-muet a compris la valeur et l'utilité du signe *buccal* ou *labial* comme moyen de communiquer avec ses semblables. Mais à partir de ce moment il se produit un changement profond dans l'esprit du sourd-muet : en même temps qu'il entrevoit, qu'il saisit un moyen de communiquer avec ceux qui ne font que des signes labiaux, il sent naître en lui, il découvre un moyen de fixer, de traduire ses propres impressions; bientôt l'emploi conscient, c'est-à-dire compris, voulu, des signes artificiels, conventionnels que sont les mots, amène en lui un travail spontané de rapprochement ou d'opposition, de coordination et de classification entre les choses représentées dans sa conscience par les mots-signes qui les expriment, les fixent et les rappellent, qui en facilitent ou en provoquent le rapprochement ou l'opposition, la coordination, l'association, ce qui constitue le travail de l'idéation, le germe de la pensée.

Nous voyons ainsi que le sourd-muet est, au point de vue psychologique, un être différent des autres hommes, c'est-à-dire un *anormal*. Mais, l'anomalie psychologique du sourd-muet doit être distinguée avec soin des autres anomalies proprement dites qui sont dues à une insuffisance intellectuelle, comme l'*arriération*, l'*imbécillité*, l'*idiotie*. Le sourd-muet est anormal psychologiquement parce qu'il est incomplet physiologiquement, cérébralement par l'absence du sens de l'ouïe. Nous avons vu que cette infirmité en fait un *être à part*, le condamne à l'isolement dans la société. Mais le fait de la démutisation, l'acquisition par le sourd-muet du moyen de communiquer avec les autres hommes par la parole utilisée comme signe buccal, ramènent le sourd-muet à des conditions psychologiques qui, si elles restent toujours très inférieures *socialement* aux conditions des entendants, peuvent quelquefois *intellectuellement* égaler, et même dépasser pour quelques sourds-muets, exceptionnellement bien doués et bien instruits, la moyenne des entendants.

Si donc le sourd-muet a une psychologie *à part* par suite de son infirmité, nous devons cependant remarquer que sa psychologie n'est à part, à proprement parler, que par la privation de la parole, et cela, parce que celle-ci est devenue, dans nos sociétés civilisées, le seul moyen usuel de communication entre les hommes. La preuve en est d'abord dans ce fait fort curieux recueilli par le colonel Mallery (1) qui, mettant un sourd-muet en rapport avec des Indiens, constata qu'il se faisait comprendre et comprenait lui-même ses interlocuteurs nouveaux et inconnus. Nous sa-

---

(1) *Sign language among the North American Indians*, par le lieutenant colonel Garrick Mallery. — Washington, 1881.

vons, d'autre part, qu'un enfant, élevé dans l'isolement et dans le silence, se trouverait dans les conditions qui rendent muet le sourd, et serait muet lui-même. Si, au lieu d'un seul enfant on en élève deux ensemble à l'abri de toute autre société, on verra ces deux enfants se parler entre eux en se créant un langage à eux (1). C'est ce qui fait admettre aujourd'hui sans contestation, que le langage a une origine sociale, qu'il est le produit des efforts faits par nos ancêtres pour communiquer entre eux par le signe sonore, par le signe parlé, articulé, d'où sont nées les langues diverses par la combinaison variée, suivant les hommes et les circonstances, des sons ou signes fondamentaux qu'on appelle en philologie les racines primitives du langage humain et qui au point de vue de la phonation, dans la démutisation des sourds-muets, constituent les éléments phonétiques dont se compose la parole.

Mais ce n'est pas tout, l'étude du sourd-muet nous montre encore que, sans l'aide du langage, l'idéation est condamnée à rester concrète, et que la pensée, pas plus que l'intelligence, ne peut se développer au delà de la phase tout à fait rudimentaire de la perception et de la représentation directe, analogique et particulière de chaque chose considérée isolément. Seul le langage par les signes artificiels, *conventionnels*, que constituent les mots parlés ou écrits, rend possibles la liaison et la coordination des idées, et le jeu d'action et de réaction de ces idées les unes sur les autres qui constitue la pensée. Nous ne pouvons insister ici sur les conséquences de toutes sortes qui découlent de là pour la psychologie, mais nous devons, dans l'intérêt même de notre sujet, faire remarquer que cette *origine toute sociale* du langage dans le besoin et la nécessité pour les hommes de communiquer entre eux, que ce rôle du langage comme instrument, comme support de la pensée, nous amène à une conception plus juste, plus vraie de la psychologie du sourd-muet en comparaison avec la psychologie générale. Nous com-

---

(1) Voir à ce sujet : Taine, *L'intelligence* ; Romanes, *Evolution mentale de l'homme* ; Campayré, *Evolution mentale chez l'enfant*.

prenons mieux maintenant que le sourd-muet apporte en naissant la même organisation et les mêmes aptitudes héréditaires physiologiques et psychologiques que les autres hommes, sauf le sens de l'ouïe et que, s'il est et s'il nous paraît d'abord un *être à part* dans la société, un *anormal*, c'est parce qu'il se trouve privé, dès sa naissance, de l'enseignement premier donné à nous tous par le milieu social grâce à la *langue maternelle*, et qu'il suffit de remédier à cette lacune de son enfance par l'enseignement artificiel de cette même langue maternelle, pour le rapprocher des conditions psychologiques, parfois même intellectuelles des entendants. Autrement dit, quand le sourd-muet n'apporte pas en naissant d'autre infirmité physiologique et psychologique que la surdité, on ne peut pas dire, à proprement parler, qu'il a une *psychologie à part*, une psychologie différente de celle des autres hommes : non, il a la même organisation humaine, les mêmes aptitudes héréditaires au point de vue des facultés psychiques. Ce qui lui manque, c'est la possibilité de profiter du milieu social pour développer ses aptitudes, par suite de sa privation *de la parole*. Cependant, il ne faut pas exagérer non plus et conclure que la psychologie du sourd-muet, après qu'il a été instruit et mis en possession de sa langue maternelle, n'a absolument plus rien de spécial. Non, le fait seul de sa surdité le met inévitablement dans des conditions psychologiques spéciales : son esprit demeure nécessairement étranger à tout l'ordre important des sensations que nous donne l'oreille : il ignore le son, il ne peut avoir l'idée d'une foule de choses qui jouent certainement un rôle important dans notre vie psychique, comme la musique, les bruits de la nature, le timbre de la voix de nos semblables et surtout le timbre de la voix de ceux que nous aimons, etc. Tout cela, évidemment, constitue une lacune dans la mentalité du sourd-muet, qu'il serait intéressant de pouvoir faire dépeindre par des sourds-muets eux-mêmes, mais cela est fort difficile précisément par suite de l'ignorance où ils sont de ce qu'on leur demande.

Dans l'étude que nous avons faite de la façon d'instruire et de développer intellectuellement les sourds-muets, nous trouvons un enseignement qui nous semble d'une grande importance au point de vue psychologique. La nécessité de commencer ou plutôt de faire précéder l'enseignement par la *démutisation*, le caractère de *pur dressage* de l'enseignement à cette première phase, nous oblige pour ainsi dire à saisir, à comprendre la genèse, le mécanisme et l'évolution de l'idéation, de la mentalité, c'est-à-dire de ce que nous appelons les facultés psychiques et morales.

Par sa surdité, le sourd-muet enfant vit et grandit dans l'ignorance complète de tout ce que l'enfant entendant apprend naturellement, spontanément, dans le milieu familial et social. Tandis que celui-ci acquiert tous les jours des idées et des notions nouvelles, grâce aux conversations qu'il entend et aux explications qu'il demande à chacun, le sourd-muet reste abandonné à ses seules ressources, à ses impressions sensorielles qu'il n'a même pas la ressource de corriger, de contrôler par celles de ses semblables. Il en résulte un état fruste, un manque de développement de ses aptitudes qui se révèle sous la forme d'absence des idées les plus simples et les plus banales dès que l'on commence à l'instruire et qu'on est amené par cela même à constater les difficultés de toutes sortes que l'on rencontre à lui faire comprendre ce qu'il nous paraît si impossible d'ignorer. Par exemple, quand on veut enseigner à un sourdm-uet ce que c'est qu'une *table*, il nous faut d'abord commencer par faire voir l'objet table et faire lire le mot table soit sur les lèvres, soit sur le tableau; puis répéter un grand nombre de fois d'abord en allant de la table au mot et ensuite du mot à la table, jusqu'à ce que l'association automatique de la table et de son nom soit telle que le sourd-muet ne puisse plus voir une table sans voir en même temps le mot table et réciproquement, ce qui amène dans son esprit un rapport tellement fixé, qu'il ne peut plus les séparer et qu'il finit par sentir, par percevoir, par comprendre que le mot table, présenté à sa vue ou à son esprit, provoque, réveille en lui la vue, la sensation, l'*idée* de l'objet table. Si ensuite on fait les mêmes répétitions successivement avec des tables différentes d'aspect, de grandeur, de forme, etc., il arrive un moment où, à force de se répéter et de s'associer à des objets différents par certains aspects, mais toujours semblables par un point, par un caractère commun, le mot *table* se fixe dans l'esprit du sourd-muet, non plus seulement comme le substitut, comme le symbole de tel et tel objet, mais comme le signe qui, mis devant ses yeux ou rappelé dans son esprit, provoque, réveille en lui la vue, la sensation, l'idée, non plus de tels et tels objets individuellement, mais du *caractère* commun à tous ces objets qui en fait des *tables*. Nous avons vu qu'il faut procéder de même pour tous les noms à apprendre au sourd-muet jusqu'au moment, où, par l'effet de l'entraînement éducatif et de la compréhension qui en résulte du rôle représentatif et dénotatif des mots, il arrive à saisir de plus en plus rapidement ce qu'on veut lui dire et lui enseigner.

Or, cela montre clairement que l'idée prend naissance dans le jeu d'action et de réaction des sensations les unes sur les autres par l'effet d'une association, d'une coordination spontanée, inévitable grâce à leurs points communs qui les fusionnent en une sensation unique, renforcée, dominante, qui acquiert ainsi la propriété de se fixer dans l'esprit comme le substitut, comme le symbole du caractère commun aux divers objets qui ont produit cette sensation commune qui en est l'effet en même temps que l'expression, c'est-à-dire qui en est l'*idée*.

L'idée est donc pour ainsi dire l'impression que reçoit l'organisme par la répercussion interne de la sensation qui lui donne naissance. Cette impression, naturellement, est d'autant plus nette, d'autant plus sensible que la sensation est elle-même plus nette, plus vivement sentie. Or nous constatons chez le sourd-muet que la sensation d'un objet, d'une qualité est d'autant plus nette et d'autant plus vivement sentie que cet objet, que cette qualité se différencient, se distinguent des autres objets ou qualités par *une différence* plus frappante, plus sensible. C'est dire que nous retrouvons dans la perception et dans l'idéation la même loi, la même condition de *différenciation* que dans le jeu physiologique de la sensibilité sensorielle et organique.

L'œil commence par percevoir les couleurs les plus dissemblables, le blanc et le noir, le rouge et le bleu, avant d'arriver à distinguer les nuances d'une même couleur, comme les différentes variétés de bleu foncé, bleu marin, bleu ciel, bleu pâle, etc., etc. Il en est de même pour tous les sens et modes de perception physiologique, organique et psychique. Quand nous montrons un objet, une table, par exemple, le sourd-muet n'en perçoit point d'abord tous les caractères., mais ce n'est que peu à peu qu'il y arrive. Nous avons vu que le meilleur moyen de lui apprendre à lire la parole sur les lèvres, c'est de commencer par des sons qui donnent les dessins labiaux les plus différents, les plus tranchés, les plus nets, les plus faciles à distinguer. Quant on veut lui enseigner, c'est-à-dire l'amener à distinguer, à reconnaître des objets différents, par exemple des animaux représentés par les images de ces animaux, il faut aussi commencer par lui faire voir des animaux très différents d'aspect, comme un chien et un bœuf, pour mieux frapper ses sens, son imagination, son esprit. Nous avons vu aussi que l'exercice, que la répétition des mêmes perceptions, et des mêmes enseignements augmentent d'une part la facilité et la rapidité de perception et d'autre part la facilité et la finesse de compréhension. Nous constatons donc un parallélisme véritable entre l'éveil, le développement et l'éducation des sens, de la perception, de la sensation, de l'idée, de la conscience et de la pensée. C'est là une corrélation que la lenteur et les difficultés spéciales du développement intellectuel chez le sourd-muet nous permet de saisir pour ainsi dire sur le vif et qui nous semble de la plus haute importance pour la compréhension et pour l'application à la pédagogie du mécanisme et des lois de la psychogénèse et de la conscience (1).

Quand nous avons appris à un sourd-muet à nommer un objet, une table, par exemple, par le nom que nous lui donnons, cela ne suffit pas pour lui avoir appris à distinguer une table d'une autre table ou de tout autre objet. Ce n'est qu'au fur

---

(1) Voir à ce sujet *La vie et la pensée*, par le docteur Julien l'ioger. — Alcan, Paris, ch. VI, *Théorie vibratoire de la sensibilité; Lois mécaniques de la sensibilité*, ch. IX; *Théorie et lois organiques de la conscience.*

et à mesure que nous multiplions ses perceptions, c'est-à-dire ses idées de tels et tels caractères de la table que nous l'amenons à pouvoir faire cette distinction, cette reconnaissance entre des objets divers et différents.

Or, ceci, c'est tout simplement l'effet, la manifestation de la *loi fondamentale* de l'esprit humain, pour lequel, aucune chose ne peut être ni perçue, ni connue, ni même conçue *individuellement*, c'est-à-dire en tant qu'ayant une existence propre, sans être différenciée ou différenciable de façon ou d'autre de tout ce qui n'est pas elle et du néant. C'est la même loi de *différenciation* que nous voyons ainsi être la condition nécessaire, *sine qua non*, de la production du moindre fait de sensibilité organique, physiologique, sensorielle aussi bien que du moindre fait de conscience puisque, sans cette différenciation établie, perçue, conçue entre deux ou plusieurs faits de sensibilité ou de conscience, il y aurait fusion, unification, c'est-à-dire non production, non perception de ce fait nouveau de sensation ou de conscience. Or cette *différenciation*, qu'elle se fasse entre les perceptions sensorielles ou entre les idées que nous faisons naître ou que nous donnons aux sourds-muets, nous la voyons toujours résulter du fait qui multiplie, diversifie en les opposant ou en les rapprochant les perceptions ou les aperçus que nous leur donnons en leur apprenant à envisager les objets sous les faces les plus diverses, à comparer leurs idées, à réfléchir à leurs impressions et à leurs jugements, c'est-à-dire en faisant l'éducation de leurs sens et en leur apprenant à penser.

Par conséquent les facultés intellectuelles, la conscience, le jugement, la raison, se développent, se perfectionnent, se rectifient par l'effet naturel de la multiplication des exercices de ces facultés, absolument comme cela se passe pour l'éducation et le perfectionnement des sens. Voilà pourquoi nous voyons ces facultés n'apparaître, ne se développer chez le sourd-muet qu'au fur et à mesure des acquisitions qu'il reçoit de l'enseignement. Une sensation, en effet, qui n'est que le produit d'une excitation, ne peut devenir une perception consciente, c'est-à-dire une *idée* qu'à la condition d'être *différenciée*, c'est-à-dire d'être perçue en tant que distincte de toute autre sensation. Prenons deux sensations de même ordre, deux sensations identiques, par exemple deux mêmes notes de musique données par un même piano ou deux piqûres faites par les deux pointes semblables d'un même compas : il est évident que dans le premier cas ; la condition nécessaire pour que les deux mêmes notes soient produites par le même piano est la même que celle qui en rend possible la perception distincte ; c'est que ces deux notes soient différenciées, soient distinctes *dans le temps*, c'est-à-dire séparées par un espace de temps suffisant pour en rendre la perception possible. Dans le second, la condition indispensable est la *différenciation* dans l'espace, c'est-à-dire qu'il faut que les pointes soient suffisamment écartées pour que la personne piquée puisse percevoir séparément la piqûre de chaque pointe. L'expérience et l'observation nous apprennent que cet écartement pour la perception distincte des deux pointes du compas offre des conditions qui varient avec les individus, c'est ce qu'on appelle la loi de Weber.

Là encore, l'observation et l'expérience nous montrent que l'exercice et la répétition des mêmes faits de sensibilité entraînent une augmentation de l'acuité et de la rapidité de perception. Cela tient à ce qu'une première sensation a pour ainsi dire ouvert la voie à celle qui la suivra, et qu'une sensation semblable à une autre sensation antérieure, réveille pour ainsi dire cette sensation antérieure, en la renforçant et en la rappelant à la conscience. Or ce qui est vrai pour la sensibilité physiologique l'est également pour la sensibilité psychique, pour le développement et le perfectionnement de laquelle nous retrouvons le même rôle, la même loi, le même principe de l'éducation par la répétition et l'accoutumance. Ce n'est point la place ici de rappeler les recherches aujourd'hui si nombreuses à ce sujet (1), mais nous devons faire remarquer combien ces condi-

---

(1) Consulter en particulier : *Eléments de Psycho-physiologie*, par W. Wundt, trad. française, Alcan, Paris ; — et les remarquables *Recherches de psycho-physiologie expérimentale*, par Binet.

tions dans lesquelles peut se faire cette différenciation entre les perceptions sensorielles aussi bien qu'entre les perceptions psychiques d'ordre intellectuel, sont plus faciles à saisir, à constater chez le sourd-muet, en raison précisément de ce que sa conscience et son intelligence ne sont meublées de points de repère, de comparaison ou d'opposition, qu'au fur et à mesure de l'instruction que nous leur donnons.

Il faut bien remarquer, en effet, qu'un fait de sensibilité sensorielle ou psychique, qu'une sensation ou qu'une idée, n'ont et ne peuvent avoir de sens, de signification dans notre esprit qu'en rapport, qu'en comparaison avec d'autres sensations ou d'autres idées dont ils se *différencient*, de façon ou d'autre, dans le temps ou dans l'espace, en s'assimilant ou en s'opposant à elles. Cela nous explique pourquoi et comment la conscience, l'idéation, la pensée, la raison et le jugement se développent, se perfectionnent, se rectifient par la multiplication des perceptions et des enseignements de toutes sources. Ici encore les conditions spéciales de développement psychique du sourd-muet nous permettent de constater que l'idée qu'il se fait d'une chose, d'un objet, est étroitement conditionnée par les perceptions antérieures ou actuelles qu'il en a ; chez lui, nous voyons, nous pouvons suivre l'augmentation de la compréhensivité d'une idée au fur et à mesure des perceptions ou connaissances plus nombreuses qu'il acquiert de l'objet de cette idée. Nous voyons ainsi que l'idée qu'il se fait au moment où nous lui montrons un objet, un cheval, par exemple, n'est pas seulement *conditionnée* par la sensation ou par les sensations que lui donne la vue actuelle du cheval, mais par toutes les notions antérieures qu'il a pu acquérir sur le cheval. Autrement dit, l'*idée actuelle* est toujours étroitement conditionnée par notre état de conscience, par notre connaissance, c'est-à-dire par notre développement intellectuel *antérieur*. C'est ce qui fait la différence entre l'idée que peut donner le même objet, le cheval par exemple, à un savant naturaliste, à un sportman, à un ignorant ou à un enfant ; nous pouvons ajouter à un sourd-muet. Il y a la même différence entre l'idée d'un même objet chez un esprit cultivé et chez un ignorant qu'entre la même note de musique donnée par un instrument merveilleusement résonnant ou par un instrument tout à fait simple et rustique : chez le savant, la moindre idée a des répercussions innombrables, analogues aux *harmoniques* de la note donnée par l'instrument perfectionné, tandis que chez l'ignorant l'idée reste simple, sèche, comme la note de l'instrument rustique qui est simple, sans résonnance harmonique. Mais le point capital dans la psychogénèse sur lequel l'étude du sourd-muet fait rejaillir une lumière éclatante, c'est le rôle du langage artificiel, conventionnel, parlé ou écrit, dans le développement de l'idéation et de la pensée, c'est-à-dire de tout ce que nous appelons les facultés intellectuelles psychiques et morales. C'est là un point qui est très difficile à voir chez les entendants, mais qui ne peut échapper chez le sourd-muet. Chez celui-ci, en effet, les conditions mêmes de l'enseignement obligent à suivre les phases naturelles de la notation des choses par le langage et à constater que ces phases sont exactement les mêmes que celles de l'idéation et de la pensée, ce qui fait que, ici comme partout en biologie, on assiste au développement simultané de l'organe et de la fonction, l'un faisant l'autre et réciproquement.

Lorsque nous montrons à un sourd-muet un objet en lui faisant en même temps lire le nom, nous constatons qu'il reçoit une impression plus ou moins *simple*, plus ou moins vague de cet objet et qu'il associe cette perception, cette idée rudimentaire qu'il en prend, au mot, ou plutôt à l'image qu'est pour lui le mot, le nom de cet objet. Ici le mot est simplement *notatif* et l'idée est elle-même une *simple image mentale* de l'impression sensitive provoquée par l'objet. Dès que la même perception se renouvelle et se multiplie sur des objets différents, l'idée qui en découle devient commune, c'est l'idée *générique* qui s'associe dans l'esprit au mot nominatif commun qui la représente et sert à l'objectiver dans la conscience, en y rappelant des objets différents par une propriété qui leur est commune et qui sert à les distinguer, à les différencier des autres objets.

Nous devons remarquer que ces deux premières phases de

l'idéation peuvent se faire avec tous les langages par signes, mais à partir de là le langage artificiel seul, grâce à l'emploi des mots qui deviennent les substituts des idées qu'ils représentent peut rendre possible le travail de réflexion par introspection consciente de caractères généraux ou de qualités générales envisagées *abstractivement*, c'est-à-dire indépendamment des objets qui les possèdent grâce précisément au caractère artificiel, conventionnel de nos langues qui permettent de faire d'un mot le symbole d'une chose ou d'une qualité sans que ce mot ait besoin, comme le signe dans le langage analogique, d'avoir la moindre analogie avec la chose ou la qualité qu'il désigne, représente et *objective* dans l'esprit.

Dès lors, grâce aux mots, l'esprit peut travailler sur ces mots qui représentent les choses et sur ces mots qui représentent et *objectivent* des idées en les examinant, les combinant et les coordonnant comme des objets mais avec une facilité infiniment plus grande. *Il en est des mots pour penser comme des chiffres pour compter. Les mots abstraits permettent à la pensée de s'élever dans les sphères de la spéculation 'ellectuelle comme les formules permettent au calcul d'aborder les mathématiques pures.*

De ces rapides considérations, il est facile de déduire l'importance du service que l'enseignement de la parole rend au développement psychique du sourd-muet et que l'étude de la psychologie du sourd-muet rend à son tour à l'étude et à la compréhension de la psychologie, et surtout à la pratique de la pédagogie comme nous allons essayer de le montrer maintenant.

TROISIÈME PARTIE

RAPPORT DE LA PÉDAGOGIE DU SOURD-MUET AVEC LA PÉDAGOGIE GÉNÉRALE

L'éducation du sourd-muet de naissance présente des difficultés très spéciales dont il importe de se rendre un compte exact si on veut arriver à les surmonter avec fruit. Il ne suffit pas, en effet, de se dire que le sourd-muet doit être instruit par les yeux et qu'il existe pour cela d'excellents livres d'enseignement par l'image, procédant du fait ou de l'objet à l'idée. Non, le problème est beaucoup plus complexe et la solution beaucoup plus difficile. Tout d'abord, sans méconnaître qu'il y a des sourds-muets de naissance incontestablement mieux doués, plus intelligents que certains entendants, il n'en est pas moins vrai que la surdi-mutité, même avec des aptitudes supérieures à la moyenne, met un sourd dans des conditions d'infériorité indéniable par suite de la privation de la parole qui est devenue, par les langues parlées, le seul moyen de communication directe entre les hommes et d'instruction première, c'est-à-dire de premier développement intellectuel, moyen auquel tous les autres sont restés subordonnés. L'ouïe est ainsi devenue le seul moyen direct de communication et aussi le premier moyen d'instruction, car c'est par la parole qu'on apprend la langue maternelle et tout le reste, dès le berceau, sans art, sans savoir comment, par le seul effet des circonstances et des relations avec l'entourage. Le sourd, lui, ne peut apprendre des autres cet ensemble de connaissances qui se transmet par tradition grâce à la parole, et qui constitue pour ainsi dire la trame intellectuelle sur laquelle nous ne faisons plus que broder en ajoutant les ornements variés qui constituent nos connaissances proprement dites. Le sourd-muet, privé des fruits de l'expérience du passé, de l'expérience commune de la société, de l'humanité, se trouve dépourvu de ce canevas, qu'il doit commencer par se créer ou plutôt qu'il s'agit de lui donner pour qu'il puisse aussi broder dessus les ornements que l'instruction se propose de lui donner. Réduit à ses propres ressources, c'est-à-dire aux connaissances qu'il peut acquérir par ses seules forces individuelles, il se trouve par là même condamné à une grande pénurie intellectuelle. Privé de cet ensemble de connaissances fondamentales qui constituent autant de sortes de jalons et de points de repère établissant un lien dans l'esprit entre les choses par une sorte de chaîne reliant les effets aux causes, privé du moyen de représentation, de liaison et d'enchaînement des idées que constitue le langage artificiel, le sourd-muet ne peut embrasser les choses dans leur ensemble ou du moins dans leurs relations et rapports nécessaires, il ne peut que les voir en détail, isolément, sans les liens qui les rattachent les unes aux autres. Il peut voir, et même voir mieux qu'un entendant, mais il ne peut aller au delà de la perception directe, objective ; il est condamné au domaine du *concret*.

Dans ces conditions, il n'y a donc rien d'étonnant qu'un sourd-muet, pour peu qu'il ne soit pas doué d'aptitudes exceptionnellement bonnes, apparaisse d'abord et puisse rester notablement *inférieur* à des entendants doués seulement d'une intelligence au-dessous de la moyenne.

Il est indispensable de se pénétrer de ces remarques préliminaires pour bien comprendre le principe général qui doit présider à l'éducation des sourds-muets et le genre de difficultés à vaincre à chaque démonstration, à chaque idée nouvelle à donner.

Il s'agit beaucoup moins d'un *enseignement* proprement dit, au moins au début, que d'une sorte de *dressage* qui donne aux opérations de l'esprit une sorte de passivité, d'automatisme analogue aux exercices exécutés par des chiens savants ou autres animaux dressés (1). Tandis, en effet, qu'avec l'enfant entendant, on peut se servir, non seulement des expressions, mais encore des idées et des notions qu'il a déjà acquises spontanément, pour lui dire, pour lui *apprendre* ce qu'on veut lui enseigner ; il faut, avec le sourd-muet, *procéder* autrement, en lui faisant voir, en le mettant dans des conditions telles que ce qu'on veut lui faire apprendre se dessine, se manifeste spontanément dans son esprit par une sorte d'évidence, de logique naturelle. De là l'emploi continuel de ce que M. Baguer, le directeur de l'Institut, appelle si heureusement, dans son remarquable petit traité de syllabation, des *Procédés d'instruction*. D'une façon générale, en effet, on peut dire qu'il faut toujours procéder par voie directe, sensible, pour faire jaillir spontanément l'idée qu'on veut donner ou dont on a besoin pour faire une démonstration. C'est la *Leçon de Choses*, mais la leçon de choses spécialement difficile, spécialement rigoureuse avec les sourds-muets ; il faut qu'elle soit très méthodique et qu'elle observe l'enchaînement naturel de la pensée, laquelle va toujours de l'idée concrète à l'idée générique et enfin à l'idée générale ou abstraite. Par conséquent, il ne faut jamais oublier que tout mot, ou plutôt que tout nom représente, exprime une idée, qu'une idée concrète ne peut naître, ne peut provenir que de l'objet, du fait ou de la sensation qui lui donne naissance, qu'une idée générique (commune à plusieurs choses analogues), ne peut naître que de l'association

---

(1) Cette façon de concevoir l'éducation du sourd-muet n'est pas plus nouvelle que le mot lui-même. Nous trouvons, en effet, dans les *Mémoires de Saint-Simon*, l'histoire du prince de Carignan, qui, sourd-muet de naissance, fut instruit par un homme qui en « usa avec lui comme un *dresseur de chiens*, et ces gens qui de temps en temps, font voir pour de l'argent toutes sortes d'animaux dont les tours et l'obéissance étonnent, et qui paraissent entendre et expliquer par signes tout ce que leur maître leur dit. (Saint-Simon, ch. xxxiii).

des idées concrètes dont elle est la synthèse, par l'effet de l'assimilation, de l'unification des perceptions d'abord distinctes des objets qui se fusionnent dans une même idée comme dans une même dénomination commune. De là, avec le sourd-muet, la nécessité de multiplier et de varier à l'infini les objets de toutes sortes qu'on peut lui montrer, les actions de tous genres qu'on peut faire devant lui ou lui faire faire, les sensations les plus diverses qu'on peut provoquer ou lui faire remarquer, pour lui donner le plus grand nombre possible d'idées concrètes associées dans son esprit à autant de mots ou termes concrets qui, en s'associant, en se groupant, en se classant, en se rapprochant ou en s'opposant les uns aux autres, constituent les matériaux sur lesquels va travailler son esprit, avec lesquels va se constituer sa pensée.

Le sourd-muet, ne l'oublions pas, n'a, avant d'être instruit, que des idées très rudimentaires, concrètes ; nous pouvons même dire que les enfants qui entrent à l'Institut n'ont qu'un très petit nombre d'idées, si tant est qu'on peut donner le nom d'idée à la représentation mentale purement *analogique* qu'ils peuvent se faire des choses. S'ils avaient les idées des choses qu'on veut leur enseigner, l'instituteur n'aurait qu'à leur apprendre le nom de chaque chose : il se trouverait dans une situation analogue à celle d'un professeur d'une langue étrangère qui n'a que des mots à faire apprendre. Avec le sourd-muet, la difficulté provient de la nécessité où se trouve l'instituteur de donner et de communiquer des idées que ses élèves n'ont pas encore.

Nous avons déjà considéré le sourd-muet comme un instrument automatique à parole qui, ne pouvant jouer de lui-même, a besoin d'être mis en mouvement par un autre qui lui apprend à parler. Nous pouvons aussi le considérer comme un instrument automatique à penser ayant besoin pour fonctionner d'être mis en marche par le professeur qui lui apprend à penser en lui apprenant à observer les choses et à les distinguer les unes des autres en les nommant d'abord, puis à les comparer, à les explorer dans leurs qualités et dans leurs rapports réciproques, de façon à les dénommer en les qualifiant, c'est-à-dire à les connaître, à les penser. La preuve en est dans ce fait qu'il suffit de mettre des objets divers, quelques-uns analogues et d'autres très différents, de lui apprendre d'abord à les nommer, à les reconnaître et à les distinguer les uns des autres, pour le voir arriver très vite à saisir les analogies et les différences, c'est-à-dire à se faire des idées des objets, de leurs caractères propres et de leurs différences.

On peut s'en assurer en essayant de l'amener à se tromper dans les noms, c'est-à-dire dans les analogies d'abord, puis dans les rapports ou différences de grandeur, de poids, de couleur, etc., c'est-à-dire dans les propriétés ou qualités. Or cela, c'est déjà penser, car c'est percevoir une chose, un objet, c'est s'en faire une idée qui distingue cette chose d'une autre, c'est enfin porter un jugement puisque c'est *juger* les différences ou les analogies de forme, de grandeur, de poids, de couleur, en attribuant à chaque objet, les caractères qui lui sont propres et en constatant par exemple qu'une partie d'un objet est plus petite que l'objet tout entier, etc. Seulement, il ne faut pas perdre de vue que pour faire cela, c'est-à-dire pour penser même à ce degré rudimentaire, les mots sont indispensables, parce qu'ils sont la représentation des idées et que celles-ci ne peuvent se fixer, se comparer, se coordonner et surtout se communiquer qu'avec l'aide du langage. Les mots écrits ou parlés sont à la pensée ce que les notes écrites ou données par un piano sont à l'artiste musicien pour la composition, pour la création d'un morceau de musique.

Les mots servent à exprimer les idées : ce sont eux qui nous servent à fixer et à communiquer nos idées. Ce qui distingue le langage parlé du langage par signes proprement dit, c'est que si les mots sont des signes ce sont des signes à signification conventionnelle, arbitraire, tandis que les signes proprement dits, cris inarticulés, gestes, mimiques, dactylogiques, ont une signification naturelle. Autrement dit, entre le mot et la chose désignée il n'y a pas de rapport significatif, analogique, tandis qu'entre la chose signifiée, et le signe qui la signifie il y a toujours un rapport significatif, analogique, qui se comprend par lui-même sans avoir besoin d'être convenu, d'être enseigné. Le signe rappelle la chose, le mot rappelle l'idée. Voilà pourquoi le langage par signes ne peut servir à communiquer des idées qui ne correspondent pas directement à un objet susceptible d'être représenté, rappelé par un signe. De là, en réalité, son inutilité à peu près absolue dans l'instruction proprement dite des sourds-muets. Le langage parlé, ou écrit, au contraire, ne peut ni être employé, ni être enseigné à un sourd-muet sans lui apprendre en même temps à penser, par conséquent sans développer concurremment son intelligence ou mieux ses facultés intellectuelles, mémoire, imagination, jugement, raison.

Le sourd-muet, en effet, apporte en naissant la même organisation supérieure, humaine, que les autres hommes. Nous avons vu qu'il a la possibilité de parler et les résultats obtenus par son instruction nous prouvent qu'il a l'aptitude à penser. La surdité, en le mettant dans l'impossibilité de recevoir dès le berceau l'éducation donnée naturellement par la famille et le milieu social, a pour conséquence un arrêt spécial dans le développement des aptitudes héréditaires, humaines, dites facultés. Mais cet arrêt dans son développement mental est dû au manque de communication, au manque d'échange d'idées entre le sourd-muet et la société : cet arrêt de développement mental doit être soigneusement distingué de l'arriération mentale proprement dite, due à l'imbécillité ou à l'idiotie (1). Un enfant *entendant*, qui serait élevé dans le même isolement absolu d'autres êtres humains, se trouverait exactement dans la situation mentale des sourds-muets de naissance. Seulement son instruction serait plus facile parce qu'on aurait avec lui la facilité que donne l'ouïe de communiquer par la parole.

Par conséquent ce qu'il faut faire avec le sourd-muet, c'est lui donner le moyen de communiquer avec nous, d'échanger

---

(1) Les sourds-muets qui présentent ce degré de dégénérescence ne sont pas conservés à l'Institut, parce qu'ils ne sont pas susceptibles de suivre l'éducation donnée aux autres. Ils sont généralement placés à Bicêtre ou à la Salpêtrière.

des idées, de développer son intelligence et de comprendre ce que nous voulons lui enseigner. Le langage parlé ou écrit seul peut satisfaire à ces desiderata : c'est donc notre langue qu'il faut apprendre au sourd-muet. Seulement tandis que pour instruire un entendant, nous avons la ressource de prendre un point d'appui sur la connaissance pratique qu'il a déjà acquise de sa langue maternelle et sur les idées de toutes sortes qu'il a déjà recueillies de sources diverses, tandis, en un mot, que pour l'entendant nous n'avons pour ainsi dire qu'à joindre l'étiquette d'un mot à l'idée déjà préexistant, ce qui ramène trop souvent l'enseignement classique à un pur enseignement de mots, nous sommes dans la nécessité absolue, avec le sourd-muet, de suppléer à l'absence de ce premier substratum mental, et obligés de commencer par trouver le moyen de provoquer, de faire jaillir l'idée en même temps que nous enseignons le mot.

Cela fait que l'enseignement des sourds-muets est réellement un système d'éducation à part, et constitue une méthode de développement intellectuel qui procède du fait à l'idée et de l'idée au mot. Cet enseignement progresse parallèlement au développement intellectuel et réciproquement.

Le sourd-muet tient de sa nature, de son organisation humaine une aptitude à penser, au même titre que les autres hommes ; il a aussi à sa disposition les mêmes matériaux sur lesquels peut s'exercer sa pensée : monde extérieur comprenant l'univers tout entier, monde interne, comprenant le domaine de toutes les sensations, idées et sentiments de lui et des autres, c'est-à-dire le monde psychique, moral et social.

Mais alors que lui manque-t-il donc pour penser ? Tout simplement l'aide indispensable que constitue le langage artificiel, lequel permet d'enregistrer, de noter les idées, de les classer et de les coordonner, c'est-à-dire de les penser. Sans le langage artificiel, en effet, le sourd-muet peut bien percevoir les choses et leurs rapports, mais les idées qu'il en reçoit ne font que naître et disparaître avec l'impression qui leur donne naissance ; et surtout elles se succèdent sans points de repère permettant de les reconnaître ou de les retrouver dans l'inextricable fouillis que ne tarde pas à constituer la succession et l'enchevêtrement des perceptions provoquées par tout ce qui frappe les sens de l'être humain. Le langage artificiel seul, en réalité, permet de distinguer, de classer, de sérier et de généraliser, parce que seul il donne une étiquette propre à chaque objet, et une étiquette commune à un nombre plus ou moins grand de choses ou d'objets semblables sans avoir besoin, comme le langage par signes, de rappeler les objets eux-mêmes. Les termes du langage artificiel jouent ainsi le rôle des inscriptions ou étiquettes placées dans nos jardins botaniques. Ce sont des signes de classification et de généralisation. Or, sans généralisation il n'y a pas de connaissance proprement dite, pas de science par conséquent, car c'est seulement à l'aide de connaissances générales qu'on peut conclure d'une circonstance à une autre, prévoir l'avenir d'après l'expérience du passé et former la chaîne qui relie les effets aux causes.

Le langage artificiel est un instrument d'analyse en même temps que d'abstraction et de synthèse, puisqu'il permet de noter séparément, de dissocier les propriétés et caractères d'un objet, de les considérer indépendamment de l'objet (forme, volume, couleur, etc.,) ce qui est bien de l'abstraction, et enfin de réunir, de fusionner, en une seule idée, les qualités communes à un grand nombre d'objets différents, les modes identiques de rapports différents, ce qui est bien de la généralisation, de la synthèse.

Le langage artificiel fournit ainsi à l'esprit le moyen de satisfaire le besoin qu'il a d'individualiser tout ce qu'il conçoit pour ne pas se perdre dans la confusion et de donner dans son esprit une existence à des choses qui n'en ont pas dans la réalité tangible, comme les rapports et les abstractions qui ne sont que des vues de l'esprit. Le modèle du genre nous est fourni par le langage des chiffres, mais les noms communs jouent le même rôle : le mot homme, par exemple, sert en même temps à désigner et à embrasser dans une seule expression comme dans une seule idée, toutes les qualités propres à l'homme et tous les êtres réunissant ces qualités.

Il en est de même pour tous les autres noms : maison, village, ville, province, royaume, etc.

Pour arriver à individualiser ainsi les choses et les êtres, pour les classer d'après leurs caractères ou leurs rapports, il faut nécessairement s'exercer à reconnaître, à distinguer et à classer les caractères et les rapports, c'est-à-dire exercer, développer, perfectionner, non seulement nos sens qui les perçoivent, mais encore et surtout nos facultés intellectuelles : attention et réflexion, mémoire et imagination, jugement et raison. Autrement dit, l'emploi du langage artificiel implique un exercice des sens et des facultés qui les perfectionne et les fortifie Le langage sert à peindre la pensée comme l'art de la peinture sert à peindre les objets : et, de même que l'exercice de l'art de la peinture apprend au peintre à voir, à observer et à rendre des nuances et des détails qui échappent aux autres, de même l'emploi du langage pour peindre la pensée apprend à celui qui parle ou qui écrit à voir, à observer et à traduire une foule d'idées et d'aperçus qui échappent à ceux qui n'ont pas la ressource, l'aide du langage artificiel pour analyser et noter leurs impressions, leurs idées et leurs remarques. En un mot, grâce au langage artificiel, nos facultés intellectuelles ont un moyen de culture par l'exercice qui les développe et les perfectionne comme nous développons et perfectionnons nos sens en les exerçant.

Ceci nous amène à sentir, à comprendre que la méthode d'enseignement du sourd-muet doit suivre aussi rigoureusement que possible le développement naturel de l'idéation sous la poussée des perceptions provoquées par les sensations de toutes sortes qui se répercutent en nous, s'associent et se classent sous forme d'idées dont le jeu réciproque constitue la pensée. C'est dire qu'il faut toujours agir de façon que l'idée naisse, jaillisse dans l'esprit du sourd-muet par l'effet de la perception directe, spontanée, par la force même des choses ou des circonstances.

Pour mieux comprendre cela, nous pouvons essayer d'analyser ce qui va se passer dans l'esprit d'un sourd-muet auquel nous allons donner une leçon de choses en lui apprenant le langage artificiel. Nous prenons bien entendu le sourd-muet après sa démutisation pendant laquelle il a appris un certain nombre de mots comme signes des choses qu'ils désignent. A cette phase de son éducation le sourd-muet peut, au choix, dire ou écrire le nom qu'il connaît déjà quand on lui montre l'objet ou montrer l'objet quand on lui dit ou quand on lui écrit le mot qui le désigne. Ainsi par exemple, ceci est facile à constater avec une *table*. Le nom, c'est-à-dire le signe et la chose se sont associés intimement, se sont liés au point de devenir inséparables dans l'esprit du sourd-muet. Seulement, jusqu'ici le mot table n'a que la valeur et le rôle d'un simple signe. La preuve c'est que si on a fait associer le mot table à une table carrée, il suffit de placer une table ronde devant le jeune sourd-muet pour constater qu'il ne prononcera pas le mot table ou qu'il le prononcera avec une nuance de doute et d'interrogation. Aussi n'est-ce point de cette façon qu'il faut procéder : on commence par faire associer le mot table à plusieurs tables semblables de forme, carrées par exemple, puis on procède de même avec des tables rondes. Si possible, on lui montre ensuite des tables blanches et noires, petites et grandes, pour l'amener progressivement à associer le mot table à un caractère commun qu'il découvre dans ces objets divers et différents d'aspect. En lui montrant que le mot table s'applique à une chose sur laquelle il mange au réfectoire, sur laquelle le maître place ses livres et cahiers et dont il se sert pour écrire, on lui donne une idée, encore vague sans doute, mais enfin une idée engendrée par l'usage ou les usages auxquels il voit que la table sert, sans pouvoir encore l'exprimer par des mots. Si maintenant, avec une table démontable ou avec des planches et deux tréteaux, nous lui montrons que la table se compose de l'assemblage de pieds et de planches, en lui faisant remarquer que ni les pieds, ni les planches, séparément, ne sont la table, nous avons enrichi son idée de table en ajoutant l'idée de sa composition. Remarquons de suite que nous n'avons pas la ressource avec le sourd-muet de résumer, de fixer son idée de la table par une définition, car une définition devrait employer des mots qu'il ne connaît pas encore et qui ne seront appris que par d'autres leçons ou plutôt par l'idée que lui en donneront les mêmes choses, les pieds et les planches dont se compose la table, présentées à son esprit dans d'autres conditions;

Il faut bien se garder, en effet, de confondre, comme on le fait trop souvent, une leçon de choses, c'est-à-dire une leçon, un enseignement, une idée, un aperçu, une conception donnés, provoqués, engendrés par la chose elle-même, avec une leçon sur une chose, c'est-à-dire à l'occasion de cette chose, laquelle dès lors, ne joue plus qu'un rôle accessoire, occasionnel ; c'est ce qui aurait lieu si, à propos de la table, le maître voulait enseigner plus ou moins tout ce qui a trait à la table, sans se limiter strictement aux idées, notions qu'il peut faire naître de la vue de l'observation directe de cette table. Là, encore une fois, est l'écueil et la difficulté de la leçon de choses avec le sourd-muet. Tous les mots employés doivent commencer par être associés directement à l'objet, à l'action, au rapport qu'ils désignent. C'est dire que le premier langage enseigné à des sourds-muets doit être exclusivement concret. Le mot, dans la signification progressive qu'il prend dans l'esprit du sourd-muet, subit la même évolution que l'idée qu'il exprime : d'abord simplement notatif comme un simple signe, il devient successivement nominatif, puis dénominatif ou qualificatif. Ce n'est qu'après qu'un mot, comme le mot table, a été employé et compris comme servant à désigner d'abord une chose vaguement perçue, une table, puis à nommer une chose déterminée composée de l'assemblage d'autres choses et servant à des usages particuliers et enfin à qualifier cette chose par l'une ou l'autre des qualités ou caractères, que l'esprit arrive à saisir que ce mot table est un signe commun à toutes les choses qui se composent du même asssemblage et de la même disposition de pieds et de planches et arrive à l'idée générique, abstraite de table. Ce sont là, bien entendu, des phases qui se fusionnent presque toujours dans la pratique, mais qui, chez les sourds-muets, sont faciles à constater et ne doivent jamais être perdues de vue. C'est, en effet, en suivant ainsi l'association des choses, de leurs qualités, de leurs rapports et relations, avec les mots qui les désignent, qu'on arrive à *faire sortir des choses elles-mêmes le langage proprement dit*, c'est-à-dire les mots avec leurs agencements et associations pour traduire les agencements et associations des choses, dans la proposition dont l'étude et l'analyse amènent à faire naître et à faire comprendre la syntaxe, c'est-à-dire l'ordonnancement de la phrase, l'orthographe, c'est-à-dire les rapports entre les termes, les éléments de la proposition, c'est-à-dire la grammaire.

« Il n'y a rien dans l'intelligence qui n'ait passé par les sens, il n'y a pas de pensée qui ne dérive d'une sensation. disait Comenius (Konsensky) dans les *Didactiva magna*, dès 1632. Tout ce que nous avons vu et dit des sourds-muets nous semble une vérification éclatante de cette constatation si remarquable et si féconde de celui qu'on peut appeler le père de la pédagogie. Et n'est-ce pas une chose digne de remarque de voir que les pédagogues, obligés par le but qu'ils se proposent, de chercher le meilleur moyen de développer l'intelligence de l'enfant, ont été amenés par leurs propres observations, par leur pratique empirique, à saisir et à copier le mécanisme et les lois de la Psychogénèse avant les philosophes qui s'attardaient et s'égaraient dans leurs spéculations transcendantes? N'est-il pas très suggestif, dans le même ordre d'idées, de voir nos instituteurs de sourds-muets se montrer dans l'enseignement que nous leur voyons donner à l'Institut, plus fidèles observateurs des lois naturelles du développement de l'esprit et de la connaissance, que nos instituteurs d'entendants qui, trompés par des apparences de facilité et d'intelligence chez leurs élèves, aboutissent trop souvent à un enseignement de mots qui, comme le disait si bien Montaigne, « laisse l'esprit vide en chargeant la mémoire ». Avec le sourd-muet, en effet, on n'a pas la ressource d'employer un mot sans que ce mot soit associé intimement à la chose qu'il désigne. Nous avons vu, en effet, que même à la période de démutisation, cette association du mot à la chose qu'il représente, est une des conditions de l'instruction du sourd-muet, parce que ce dernier, ne pouvant entendre le mot et n'ayant pas appris à se servir des mots de notre langage pour exprimer sa pensée, ne peut arriver à comprendre le rôle, l'utilité d'un mot nouveau, qu'en le prenant comme le représentant, comme le signe, comme le substitut d'un objet qu'il dénomme, d'un acte qu'il indique, d'une idée qu'il évoque, d'un jugement qu'il implique, etc... Il en résulte un parallélisme, une connexion intimes entre l'acquisition du langage et le développement de l'intelligence chez le sourd-muet, qui se moule ainsi sur les choses et les réalités. La nécessité de procéder toujours de l'objet à son nom, du nom à l'idée, de l'idée concrète à l'idée générique, de l'idée générique à l'idée générale ou abstraite, établit pour ainsi dire une chaîne, un lien, qui rattachent l'idée abstraite, et la pensée à la réalité tangible, d'où elles découlent par un enchaînement de perceptions et de répercussions introspectives dont l'enseignement spécial du sourd-muet nous permet de saisir la filiation. Pour juger toute la valeur et toute la portée de cette méthode d'enseignement *naturel*, il suffit de remarquer que le modèle de ce genre d'enseignement est fourni par l'enseignement professionnel qui est de tous le plus facile à l'Institut et qui donne les résultats les meilleurs et les plus frappants. Mais, à côté de cet enseignement exclusivement pratique, il y en a un autre qu'on peut appeler justement scientifique, c'est l'enseignement des sciences naturelles, sous leur forme descriptive et expérimentale, qui constitue, en même temps, le meilleur fondement à donner à l'esprit, la meilleure satisfaction à donner à la curiosité de l'enfant, car tout cela peut s'enseigner et s'enseigne aujourd'hui en allant toujours de l'objet au nom, du nom à l'idée, du simple au composé, du particulier au général, grâce aux collections d'histoire naturelle qui sont devenues de véritables sources inépuisables d'enseignement pour qui sait s'en servir, grâce aussi à l'*image* qui a pris et prend une si juste extension dans l'enseignement moderne.

C'est là ce qu'on appelle *la leçon de choses* qui procède de la simple *vue* de l'objet à sa *connaissance*, en passant par toutes les phases intermédiaires, grâce à l'emploi le plus complet possible de tous les moyens et modes de perception, c'est-à-dire en observant, en constatant par les divers sens, les caractères divers de cet objet, de sorte que la constatation de caractères de plus en plus nombreux en amène une connaissance de plus en plus nette et de plus en plus parfaite, puisqu'elle amène en même temps à en connaître un plus grand nombre de caractères propres ou communs qui les font distinguer ou rapprocher des autres objets plus ou moins analogues. Cette connaissance de l'objet en rend par cela même l'*idée* de plus en plus compréhensive et implique un jugement de plus en plus motivé par l'effet d'un plus grand nombre de constatations et de vérifications.

La leçon de choses constitue ainsi un mode d'éducation des sens, parce qu'elle a besoin d'utiliser, de rectifier tous les moyens de percevoir les caractères et propriétés de la chose étudiée. Elle est un moyen d'instruction, car elle meuble la mémoire de faits et d'idées, en apprenant la constitution, le mode de formation ou de fabrication, l'usage ou l'utilité de chaque chose. Enfin, elle exerce et développe la sagacité et le jugement en obligeant à rechercher, à saisir les différences et les analogies, en se basant sur ce qu'on voit et non sur ce qu'on imagine.

L'enfant se trouve ainsi incité à examiner, à scruter chaque chose, à questionner et à s'intéresser à tout ce qui est l'objet de l'enseignement qu'il reçoit et même à tout ce qui frappe sa curiosité. En un mot, la leçon de choses, ainsi pratiquée, devient la mise en œuvre de l'activité mentale de l'élève au lieu de la *passivité* de la mémoire.

Avec le sourd-muet, la leçon de choses ne court guère le danger de dégénérer en une leçon *à l'occasion d'une chose*, comme par exemple, à propos d'un chien ou d'un canard, de faire une leçon professorale sur le chien ou le canard, en rassemblant les choses les plus disparates et les moins en rapport avec la simple vue d'un chien ou d'un canard, car le maître est obligé de chercher le moyen d'exprimer ce qu'il veut dire, de faire comprendre ce qu'il veut enseigner, sans recourir à la parole proprement dite, c'est-à-dire sans avoir recours aux définitions et explications habituellement employées, parce que ses élèves ne le comprendraient pas ; aussi s'efforce-t-il de faire parler les choses elles-mêmes, en les présentant, les arrangeant ou les associant de façon à faire naître dans l'esprit de l'élève l'idée qu'il veut lui donner, la remarque qu'il veut lui faire faire.

Nous retrouvons donc dans la pédagogie du sourd-muet

quelque chose de spécial, comme cela nous est arrivé pour sa psychologie. Mais là encore, si nous allons au fond des choses, nous sommes amenés à constater que ce qu'il y a de spécial dans cette pédagogie, ce sont des difficultés plus grandes à surmonter et la nécessité plus étroite pour l'instituteur de suivre et de copier plus servilement le mécanisme *naturel, spontané*, d'après lequel se fait le développement psychique de l'humanité, par *l'éducation spontanée des sens* et par *l'expérience*. Aussi, au lieu d'appeler cette méthode *intuitive*, préférerions-nous la qualifier *méthode expérimentale* (1). On ne peut plus méconnaître maintenant que la Pédagogie est elle-même une science *expérimentale*. Vouloir envisager, en effet, la pédagogie comme science abstraite, c'est vouloir établir une science sans lui donner comme fondement l'étude de son objet, *l'enfant*, et c'est aboutir à vouloir connaître l'enfant sans avoir pris la peine de l'étudier, à la façon de la spéculation philosophique *aprioriste, métaphysique* qui a vécu de l'illusion de prétendre dire à la Nature ce *qu'elle doit être*, au lieu de lui demander *ce qu'elle est* (2). Si l'on veut bien juger et bien comprendre la base, le fondement expérimental de la pédagogie, ce n'est pas au point terminal de l'enseignement et de l'éducation qu'il faut l'envisager, c'est au début, à la période si longue, si pénible, de la démutisation chez le sourd-muet, à la phase du dressage chez l'enfant arriéré, idiot ou imbécile, au moment du premier éveil de l'intelligence chez l'enfant anormal aussi bien que chez l'enfant normal.

Là, en effet, on voit, on sent qu'apprendre à marcher à un idiot, à parler à un sourd-muet, c'est toujours le même procédé expérimental consistant, chez l'idiot à provoquer un mouvement réflexe, automatique, qui sera peu à peu coordonné, rectifié, jusqu'à ce qu'il devienne conscient, voulu ; chez le sourd-

---

(1) Voir dans les traités de pédagogie, et en particulier dans celui de Compayré, l'exposé et la discussion des noms de méthodes sur lesquels les pédagogues sont loin de s'entendre.

(2) Voir à ce sujet : *Le Monde physique, Essai de conception expérimentale*, par le Dr Julien Pioger, Alcan, Paris.

muet à arriver à faire répéter par imitation réflexe les mouvements combinés de la respiration, des lèvres et de la langue qui amènent l'émission réflexe d'un son, qui, en se répétant et en s'associant avec un ensemble fort complexe de sensations et de perceptions finit par devenir conscient, *compris* et ayant dès lors sa valeur intellectuelle.

Or, tout cela est expérimental, au moins autant qu'intuitif. Sans doute, l'enseignement des sourds-muets se fait à peu près exclusivement par la vue, conséquemment par *intuition*, mais l'expérience montre que cet enseignement n'est réel, profitable et durable qu'à la condition que la vue, que l'intuition des choses enseignées, soient répétées, renouvelées jusqu'à ce que cette répétition entraîne une imprégnation durable de l'organisme, établisse une association étroite, fixe, *organisée*, entre les choses, leurs noms et les idées qu'elles donnent.

Cette association constitue un tout unifié dont les parties composantes sont tellement bien reliées les unes aux autres qu'elles ne peuvent plus se séparer dans l'esprit du sourd-muet et jouissent dès lors de la propriété *toute réflexe* de se rappeler, de se provoquer l'une par l'autre suivant le mécanisme de tous les réflexes et à la façon dont s'exécutent les fonctions organiques, physiologiques, psychiques, intellectuelles, morales, par une sorte *d'organisation de l'ensemble* toujours fort compliqué des faits de sensibilité et de réaction qui les constitue (1). Nous avons montré déjà que l'éducation du sourd-muet a d'abord un caractère automatique, un caractère de *dressage*. Nous avons vu que le propre du développement psychique du sourd-muet c'est de se faire par cette association étroite, fixe, entre les choses, leurs noms et l'idée, ce qui veut dire que l'intelligence du sourd-muet se développe, se perfectionne au fur et à mesure que se forment, que se multiplient, que se fixent, que s'adaptent ensemble, que s'*organisent* ces *associations* qui

(1) Voir à ce sujet l'exposé de cette *loi de l'organisation* qui préside au développement biologique, au fonctionnement physiologique, ainsi qu'aux fonctions cérébrales, intellectuelles et morales, in *La vie et la Pensée*, par le D' Ploger — Alcan, Paris.

fonctionnent en réalité à la façon des réflexes : le mot rappelant la chose ou l'idée, et réciproquement ; une idée rappelant une autre idée à laquelle elle a été associée, et ainsi de suite.

Il suffit d'ailleurs de réfléchir pour nous apercevoir qu'il en est de même pour notre propre éducation, pour toutes nos connaissances et tous nos raisonnements en dehors des moments beaucoup moins nombreux que nous ne pensons, où notre attention est accidentellement et spécialement éveillée et notre conscience ou notre volonté mises en jeu.

En réalité, toute pédagogie se propose essentiellement de provoquer le réflexe voulu, utile, depuis le réflexe musculaire dans l'éducation de l'idiot jusqu'au réflexe le plus intellectuel, le plus *moral* que nous puissions envisager, car l'éducation se propose de donner, de faire prendre de bonnes habitudes intellectuelles et morales, et même de créer ce qu'on peut appeler de *bons instincts* psychiques ou moraux. Or, tout cela c'est chercher à créer l'organe en créant la fonction conformément à la grande loi biologique : « la fonction fait l'organe ». C'est encore un point qui ressort clairement de l'étude que nous avons faite de l'enseignement donné aux sourds-muets à l'Institut en voyant que l'enseignement de la parole, débutant par la fonction de l'articulation automatiquement exécutée par le réflexe d'imitation, crée la fonction psychique, intellectuelle, de la notation des idées en créant l'organe qu'est le langage. Chez les idiots, nous voyons encore bien mieux comment en créant de toutes pièces la fonction du mouvement, la fonction des diverses sensibilités, on arrive à développer, à créer pour ainsi dire, la fonction cérébrale et son organe qui faisaient défaut par arrêt de développement. Or, tout cela, c'est de la psychologie expérimentale, et la pédagogie a tout à gagner à s'appuyer sur les données qui en découlent. Quand on voit les résultats vraiment étonnants qu'on obtient maintenant, grâce à l'application de données expérimentales au *dressage* des idiots et des imbéciles (1), à l'instruction

(1) Voir à ce sujet l'ouvrage remarquable du docteur Thulié : *Le dressage des jeunes dégénérés*. — Alcan, 1900, et les nombreuses publications du docteur Bourneville, le créateur et l'organisateur du célèbre service de dressage et d'éducation des arriérés à Bicêtre.

des sourds-muets et des aveugles, on ne peut que souhaiter de voir la pédagogie des entendants, des *normaux*, emprunter davantage aux *procédés d'instruction* employés pour les *anormaux*. Si, en effet, on obtient de si beaux résultats avec des anormaux, que serait-ce donc, peut-on penser, si c'était avec des enfants normalement doués au point de vue intellectuel ? Nous avons, du reste, à l'appui de cette idée, un fait bien caractéristique et bien connu des spécialistes, c'est que les instituteurs et institutrices qui ont passé par l'Institut des sourds-muets, quand on leur confie des entendants normaux, obtiennent des résultats bien meilleurs et bien plus rapides que les autres instituteurs. C'est ce qui a fait dire si justement que l'Institut constitue la meilleure école normale pratique pour instituteurs.

N'est-il pas inutilement fatigant, sinon nuisible, de vouloir commencer par inculquer à des enfants incapables de les comprendre, des notions abstraites de grammaire, par exemple, qui se trouveront fixées dans l'esprit par la pratique seule de la langue et de l'enseignement tel que nous le voyons pratiquer à l'Institut, et qui, dès lors, seront facilement comprises dans leur raison comme dans leur signification, lorsque, plus tard, on attirera l'attention et la réflexion de l'enfant déjà instruit de beaucoup de choses, en lui montrant que la raison de la disposition, de la coordination des mots dans la phrase est d'exprimer, de traduire les rapports et les dépendances des choses ou des actions entre elles : sujet, verbe, adverbe, nom et complément, adjectif qualificatif ou possessif, etc., etc. ?

La Pédagogie, disait Montaigne, doit apprendre à l'enfant « ce qu'il doit faire étant homme ».

La Pédagogie, dit Delon, « est un apprentissage de la vie ».

La Pédagogie, serions-nous tentés de dire, est l'art d'aider, de guider le développement des aptitudes physiques, intellectuelles et morales de l'enfant, pour en faire un être *social* apte à profiter, pour son propre compte, du maximum de biens et d'avantages que peut comporter pour lui la vie *sociale*, et utile dans la plus large mesure par ses capacités à la Société, c'est-à-dire à ses semblables, auxquels il doit sa part de collaboration à l'œuvre sociale dont tous profitent en commun dans les dépendances et les limites d'une solidarité aussi utile que nécessaire au bien commun et au progrès.

Notre étude de l'origine et du rôle du langage à propos de l'éducation des sourds-muets nous a montré son *origine sociale* et conséquemment l'*origine sociale* de tout le développement psychique, intellectuel et moral de l'homme, en général. C'est là, du reste, une conception, une interprétation qui tendent à dominer de plus en plus parmi les psychologues et les moralistes modernes. C'est une idée de la plus haute importance et de la plus heureuse influence, car, en même temps qu'elle nous montre l'origine de tout ce que nous sommes intellectuellement et moralement dans la façon dont nous sommes acceptés et traités par la société dans laquelle nous sommes appelés à vivre par les hasards de la naissance, elle nous apprend aussi que notre personnalité intellectuelle et morale se développe comme notre propre corps par l'adaptation aux conditions de milieu, suivant les mêmes lois biologiques, *les lois de la vie*, auxquelles nous devons nous conformer sous peine de troubles ou de viciation dans notre développement aussi bien que dans notre fonctionnement physiologique, intellectuel et moral (1). Nous sommes ainsi amenés à entrevoir, à comprendre le double côté de l'éducation, le côté *social* et le côté *individuel*, c'est-à-dire pour la société, le *devoir* de venir en aide à l'individu pour son développement par l'éducation et le *droit* en retour à la collaboration de l'individu, et, pour l'individu, le *droit* à l'aide sociale avec, en retour, le devoir de collaborer à l'œuvre commune.

Des créations comme celles de l'Institut nous semblent répondre admirablement à cette grande question de la *solidarité sociale*. Les résultats obtenus sont si encourageants que nous avons la conviction de faire œuvre utile en essayant de les faire connaître dans toute leur haute portée tant au point de vue de l'enseignement profond qui en découle qu'au point de vue de

---

(1) Voir dans *La Vie Sociale, la Morale et le Progrès*, l'exposé de l'origine sociale de la Morale et celui de la loi sociale de Moralité.

l'*utilité sociale* qui en rejaillit sur la collectivité tout entière par suite de la transformation en collaborateurs sociaux, de malheureux *infirmes* qui, sans cette assistance de devoir et d'intérêt social, demeureraient à la charge de la Société sous une forme ou sous une autre. A notre époque d'utilitarisme à outrance et d'emballement économique pour la production, il faut voir dans cette question de l'assistance donnée aux dégénérés, idiots ou imbéciles, aux infirmes, sourds-muets ou aveugles, autre chose qu'une simple satisfaction donnée à un sentiment de philanthropie, il faut y voir la mise en valeur de ces êtres inférieurs ou infirmes, dans la mesure du possible. L'expérience prouve que, même quand il est imparfait, incomplet, anormal, comme le sourd-muet, l'être humain peut devenir un *producteur* presque au même titre, si on sait l'utiliser, qu'un individu normal. A l'Institut, nous voyons, en effet, nos jeunes sourds-muets devenir des menuisiers, des serruriers, des tailleurs, des imprimeurs, etc., qui font de bon et utile travail et savent se faire apprécier comme de bons ouvriers dans les ateliers où on les a placés.

CONCLUSION

L'instruction et l'éducation données aux sourds-muets à l'Institut d'Asnières, constituent une très heureuse et très encourageante application de pédagogie expérimentale.

C'est l'introduction dans l'école de la méthode scientifique, de la méthode expérimentale qui, après avoir donné aux sciences physiques l'essor prodigieux dont s'enorgueillit notre siècle, a commencé à révolutionner la psychologie, et ne tardera pas, nous en sommes convaincu, à apporter à la culture de l'être humain une fécondité de résultats que nous pouvons difficilement soupçonner avec nos vieilles conceptions de l'être humain.

La pratique et l'étude d'une méthode d'enseignement aussi spéciale que celle qui est nécessitée par les conditions psychophysiologiques des sourds-muets entraînent naturellement une modification profonde dans nos conceptions physiologiques et, conséquemment, dans nos conceptions morales et sociales.

Quand nous voyons pétrir pour ainsi dire de toutes pièces, c'est-à-dire assimiler au nôtre, le cerveau, ou plutôt l'intellect d'un sourd-muet, qui, sans enseignement, resterait un être *isolé*, un *être à part* dans la société ; quand nous le voyons se *sociabiliser* par l'acquisition de la parole et de l'instruction, nous comprenons par quelles transitions doit passer l'être humain pour devenir l'être intelligent, l'être social qui constitue l'homme proprement dit.

N'est-il pas instructif et singulièrement significatif de voir les professeurs de l'Institut arriver à faire naître chez des sourds-muets l'*idée morale,* l'idée de *devoir* en s'appuyant uniquement sur les exemples de solidarité à la portée de leur intelligence, sur l'idée concrète du besoin que nous avons les uns des autres dans les diverses circonstances de la vie et sur l'utilité et la justice de la réciprocité des services ? N'y a-t-il pas là un *fondement social* à la morale et à la justice suffisamment solide et convaincant, facile à comprendre et dont le caractère impératif ressort de la force de la loi de l'habitude ?

La morale ainsi enseignée par des exemples concrets se fixe dans l'esprit, comme cela se passe pour le reste de l'enseignement des sourds-muets, par l'association de l'idée morale à l'action morale et à la circonstance qui la motive, en formant un tout dont les parties sont enchaînées les unes aux autres par le mécanisme des réflexes, d'où il résulte, par l'habitude due à la répétition, une sorte *d'impulsivité au bien* qui nous semble, au point de vue social, constituer ce qu'on peut obtenir de mieux de la part de ces êtres anormaux auxquels on ne peut espérer, à part d'heureuses exceptions, inculquer une moralité plus élevée.

Un grand philosophe a défini l'homme, un *faisceau d'habitudes.* L'étude que nous venons de faire des sourds-muets nous permet de saisir la justesse de cette définition et les conséquences que l'on peut en tirer au point de vue pédagogique et social. Le jour où on sera bien pénétré de cette profonde conception de l'être humain au point de vue physiologique, psychologique et social, on comprendra l'importance pour l'individu aussi bien que pour la société de donner, de faire prendre de *bonnes habitudes* au triple point de vue physiologique, psychique et social, c'est-à-dire de *discipliner* le corps, l'esprit et la conduite en vue d'obtenir les meilleurs résultats possibles pour l'individu lui-même et pour la société à laquelle il appartient. Est-il besoin de dire que cette discipline, que ce dressage, basés sur les lois mieux connues et mieux interprétées de la vie individuelle et de la vie sociale, sont d'autant plus indispensables, d'autant plus utiles que l'être humain est moins bien doué, moins apte à se discipliner lui-même par la pratique et l'expérience de la vie ? De là, sans doute, la raison pour laquelle nous avons vu appliquer d'abord cette idée de *dressage* à ces pauvres dégénérés inférieurs, idiots et imbéciles qui n'ont guère d'humain que leur constitution physique. Nous avons dit dans ce travail que ce même caractère de *dressage* se retrouve dans l'éducation des sourds-muets.

Nous ne pouvons que souhaiter de voir cette conception pénétrer de plus en plus l'esprit de nos pédagogues et d'en voir l'application prochaine à tous les enfants *anormaux*, *arriérés*, *instables* et *indisciplinés* qui jusqu'ici se trouvent en fait à peu près abandonnés et privés du secours de toute éducation réelle, par suite de leur inaptitude à bénéficier de l'instruction uniforme à laquelle ils sont soumis.

Tous ces enfants, en effet, se trouvent mêlés aux autres dans les classes, sans pouvoir profiter de l'instruction qui leur est donnée, perdant inutilement leur temps sur les bancs de l'école où ils ne peuvent que se fatiguer, se dégoûter de l'étude, gêner les autres et décourager les maîtres, alors que, en les soumettant à un enseignement *spécialement fait pour eux*, on les verrait donner des résultats relativement satisfaisants, et surtout qu'on arriverait à les *discipliner* physiquement et moralement de façon à en faire des êtres sociaux, au lieu que l'enseignement actuel en fait généralement des ratés, des déclassés, des vauriens, des vicieux et des futurs récidivistes. Enfin, pour les normaux, nous sommes convaincu qu'il y a grand intérêt et tout bénéfice à voir l'enseignement universitaire s'inspirer de plus en plus des données et recherches de psycho-physiologie et à chercher à développer l'initiative intellectuelle des élèves, au lieu de surcharger passivement leur mémoire de connaissances indigestes qu'ils ne savent ni ne peuvent le plus souvent utiliser quand ils sont devenus hommes.

TABLE DES MATIÈRES

	Pages
Introduction	5

Première partie.

Procédés d'instruction	7
1º Enseignement de la parole	7
Démutisation	7
Cours d'articulation, par Mlle C. Conart	19
Cours d'articulation, par M. E. Bessonneau	22
2º Enseignement primaire	26
Premières notions de grammaire, par M. P. Trancheroste	26
L'enseignement de la langue, par M. J. Bidet	28
— — par M. P. Courrèges	29
Le Français dans les classes élémentaires, par Mme J. Debray	30
De l'Écriture, par Mlle M. Vialle	33
Enseignement de l'Histoire de France, par M. G. Malin	34
Enseignement de la Géographie, par M. J. Louette	37
3º Enseignement technique ou professionnel	40
Enseignement du dessin, par Mlle C. Fiérard	40
Enseignement du travail manuel éducatif, par M. E. Debray	42
Travail du bois, par M. Deschamps	46

Deuxième partie.

Pages

Rapport de la Psychologie du Sourd-muet avec la Psychologie générale 49

Troisième partie.

Rapport de la Pédagogie du Sourd-muet avec la Pédagogie générale 63
Conclusion 83

Le Mans. — Association ouvrière (MAUBOUSSIN, JOBIDON et Cie), 5, rue du Porc-Epic.

www.ingramcontent.com/pod-product-compliance
Lightning Source LLC
LaVergne TN
LVHW050651090426
835512LV00007B/1151